UP
Collection

増補新装版

社会科学における数と量

竹内 啓

東京大学出版会

UP Collection

Numbers and Quantities in the Social Sciences

Kei TAKEUCHI

University of Tokyo Press, 2013

ISBN978-4-13-006506-1

新版へのまえがき

この本の前の版は今から四十年近く前に出版されたが、その後長く品切れとなっていたものである。

この度、一部の御要望も頂き、東京大学出版会の御好意によって、形を改めて刊行して頂くことになったことは、著者として心から感謝する次第である。

この本が書かれてから、世界も日本も大きく変化した。そのためこの本の中の文章も書き改めなければならない部分もあると思ったが、一部だけ書き変えると、本来の趣旨が曲ってしまうことになるので、結局明らかなミスや細部の補正以外は、そのままにしておくことにした。ただし第8章に関してだけは時代の流れがすっかり変ってしまったので、改めて第10章を書いて補足した。

この本の出版後、社会科学において数量的方法は、ますます盛んに使われるようになったが、社会科学における数量的方法、或いは数学的方法に対して批判的な立場を取る人々が少なくなるとともに、社会科学における「数と量」の本質、数量的或いは数学的方法の意義、その有用性と限界などの問題について顧みられることが少なくなった。他方、データの意味や信頼性を吟味することもなく、数学的方法の内容も理解せずに、コンピュータまかせにデータの複雑高度な数学的処理を行って「研究」と称するものも増えている。そこではどのような「科学的研究」の目的も対象を「理解」することにあるということが忘れられているといわざるを得ない。

社会科学の対象は社会であり、社会を構成するものは人間である。社会科学の目的は社会的存在としての人間を理解することである。人間はその置かれている社会的、自然的条件によって制約された存在であると同時に、一人ひとりが自らの意志によって行動する主体である。だから一人ひとりの人間は決して人数に解消することはできないし、人間の行動を環境条件に対する反応関数によって記述することで理解できるものでもない。

社会科学者は、社会的な意味を持つ数と量の背後に、生きた人間が存在していることを忘れてはならない。

この本が再び刊行されることが、社会科学における数量的方法にかかわる基本的な問題に対する関心が高まることの、きっかけになれば幸いである。

二〇一三年二月

竹内　啓

初版第二刷への序

この本が出版されてから後、数量的方法、あるいはより一般に科学的方法に対する批判、ないし非難がしばしば聞かれるようになった。その点で、この本の中に収められている各章が書かれたとき、「現代的・数学的方法」が大いにもてはやされていた時期とは、社会的雰囲気は非常に変っている。今ではかえってより勇ましい、「超分析的方法」「直観主義」「反科学」などが流行している。しかし私は、依然として数量的方法は、社会科学においても、一定の限度で有効性を持つのみならず、実は現在問題になっている、公害、環境、資源等の問題についても「数と量と尺度」を用いて議論を進めることが、実りある具体的な成果を得るために不可欠であると思っている。

大切なことは、形式的に精密な数学的技巧を用いて見かけ上の「高度な」「厳密な」理論を展開することではなく、具体的な数字を用いて、重要な「事実」と、事実と事実との間の因果的連関を一つずつ明らかにして行くことである。そのためには、具体的な問題における「数量的」把握の意味するところを正しく認識しなければならない。この本がそのような方向でいくらかでも示唆するところがあれば、幸いであると思う。

一九七五年四月

竹内　啓

はしがき

この本は、私がこれまで、社会科学における数量的方法の意義に関連して、いろいろな機会に書いたものをまとめたものである。

経済学部に所属し、統計学、ことに統計的推測理論と呼ばれる数理統計学の一分野を専攻する私にとって、統計的方法と限らず、数学的方法、あるいは数学による分析が、経済学あるいはその他の社会科学に、どのように役立たせることができるか、またその限界はどこにあるかということは、絶えず関心を惹かれる問題であった。ここに収めた文章は、いろいろな方向から問題が論ぜられているが、すべてこのような関心から書かれたものである。私はいわゆる科学方法論などという分野の専門家ではないし、この本はそのような分野の本として書かれたものでもない。経済学あるいは一般に社会科学の問題に、数学や数量的方法を適用することを、どのように考えたらよいかということを、分析を行なう研究者の立場、あるいはそれを学ぶ読者や学生の立場から論じたつもりである。従ってまたそういう立場からの読者の御批判を期待したい。

この本に収められた文章は、もともと次のようなかたちで発表されたものである。

第1章　社会科学における数量的方法の問題、「思想」五一四号、岩波書店、昭和四二年。ただし、かなり加筆訂正した。

第2章　社会科学における数量的方法、岩波講座『哲学』第12巻所収に全面的に加筆した。
第3章　経済学における数量的方法の意義と限界、「別冊経済評論」日本評論社、昭和四六年。
第4章　統計学の規定をめぐる若干の問題点について(I・II)、「経済学論集」東京大学出版会、昭和三九年より抜萃。
第5章　マクロエコノメトリック・モデルによる分析と予測についての若干の問題、内藤勝先生還暦記念論文集『日本経済の統計的分析』岩波書店、昭和四二年、に加筆。
第6章　経済における数学のイメージ、「数学セミナー」日本評論社、昭和四一年、に加筆。
第7章　計量的歴史観の提唱、「展望」筑摩書房、昭和四〇年一二月。
第8章　計画の思想、岩波講座『哲学』第5巻所収。
第9章　(新たに書かれたもの)

右のように、各章が実際に書かれたのはかなり長い期間にまたがり、また発表された場所の性格も違っているので、書き方のスタイルは必ずしも統一されていないと思う。本書に収めるにあたって、字の使い方の訂正、あるいは加筆によって、ある程度の統一を心がけたつもりであるが、なお読みにくいところが残っているかとも思う。そこで蛇足かもしれないが、各章の趣旨について、簡単に解説しておきたい。

第1・2章は全体の序章として、社会科学における数量的方法なるものの意味をのべたつもりである。

第3章はいわばその具体的な例として、経済学の場合について、数量的・数学的方法のいろいろなかたちを論じている。

第4章は、社会科学における「数字」としての統計の意味づけについて論じたものである。これはもともとアカデミックな論文として書かれたものなので、一般的興味の少ないと思われるところはかなり省略したが、なお（悪い意味での）アカデミック・スタイルが残っているのではないかと思う。

第5章は、特に最近しばしば用いられるいわゆる「モデル分析」について、とかくおろそかにされがちな点についての注意をのべたつもりである。

第6—8章は、ある意味では、それまでの章よりいわば〝ジャーナリスティック〟であり、学問的展開というよりも、それぞれの問題についての私のビジョンをのべたものである。

従って各章はそれぞれある程度独立したものであるから、適当な順序でか、あるいは適当に拾いあげて読んで下さっても結構である。

この本が出来上がるについては、東京大学出版会の別所久一氏の御努力によるところが大きい。原稿の書き直しをはじめとして、氏が多くの点で、能率的にすばやく仕事を進めて下さらなかったならば、この本がこれほど早く出版されなかったであろうことは確実である。心から感謝する次第である。

昭和四六年九月

竹　内　　啓

目次

第1章　社会認識における数量的方法

1　はじめに

社会科学の各分野において、数字や数式を用いて議論を進めることは、近頃ますます盛んになりつつある。

ウィリアム・ペティは『政治算術』の中でいっている、「単に比較級や最上級の言葉を使用したり、また思弁的な議論をする代わりに、わたしのいおうとするところを数と重量と尺度によって表現するという方法」は、「感覚に訴えることのできる議論のみを用い、また自然の中に実見し得る基礎をもつような諸原因のみを考察する方法であって、個々人の移り気や好みや感情に左右されることではない」。

そうしてペティが右の『政治算術』を書いた一七世紀後半とは違って、現在では、このような方法は、「いまのところでは、あまりありふれたものでない」どころか毎日の新聞雑誌から、選挙演説にいたるまで、きわめてありふれたものになっている。

しかしながら、逆に数字や量的な尺度を用いることによって、議論に見せかけ上の正確さを与えて、人を誤らせる危険もまた決して少なくないこともわれわれが日常経験しているところである。従って「数と量と尺度とを用いる方法」の意味と限界とを吟味してみることも、現在ではきわめて重要な課題であると思われる。

勿論このような問題はある意味ではあまりに一般的であり、また漠然としているので、軽率にとり扱おうとするならばきわめて不毛な硬直した態度をとることになるか、あるいはそれ自身誤っているとはいえないとしても現実に有効な指針をなんら与えることのできない「毒にも薬にもならない」一般的な教訓を引き出すにとどまるであろう。社会科学における数量的方法は一定の限界をもち、その限界内では一定の有効性をもつなどといってみても、それだけでは無意味である。それよりもまず第一に社会科学における数量的認識のあり方について、立ち入って考えてみなくてはならない。

2 量の客観性

社会科学において（あるいは自然科学においても）数量を用いることの効果は、すでにペティが指摘しているように、第一にそれによって命題が客観的な形で表現されるという点にあるといわねばならない。ここで客観的というとき、それは二重の意味をもっている。すなわち一つはそこにいわれている趣旨の意味が、客観的にはっきりした意味をもっているということである。「日本には人口が非常に多い」という代わりに、「日本は一億三〇〇万の人口をもつ」といえば、それがどのような事実に対応しているかという点で、その意味するところはきわめて明白になる。「客観的」というときの第二の意味は、命題の内容が、他の命題との関連が疑問の余地のない形で与えられるということである。「人口が非常に多い」というのは「かなり多い」より大きい人口を意味していることは明らかであっても、どれだけ多いのかは明らかでない。これに対して「一億三〇〇〇万の人口」は例えば「四八〇〇万の人口」より「五五〇〇万多く」「ほぼ二倍である」ことは明らかである。

ところで数量による表現が二重の意味で客観的であることに応じて、それは現実に二重の効果をもつ。第一に少なくとも原理的には、命題の真偽を経済的に検証することが可能であるということである。「日本の人口が一億三〇〇〇万である」かどうかは国勢調査の数字を参照すればチェックできる。第二に、数量的表現をとることによって命題の間の論理的関係が明確にされる。例えば「毎年1％ずつ人口が増加すれば、一〇〇年後に日本の人口がどれだけになるか」は単純な計算ですぐ導くことができる。従って「一九七〇年の人口は一億三〇〇〇万である」「人口は毎年1％ずつ増加する」「二〇〇〇年の人口は一億二〇〇〇万である」という三つの命題が同時に成り立つことはないということはすぐわかる。従ってもし最初の命題が事実として正しいならば、後の二つのうち少なくとも一方は誤りでなければならない。この場合、どちらが誤りであるかを事実に即して直ちに検証する必要はない。ただ全体の体系が再検討を必要とするということを明らかにしただけで、十分意味のあることが多い。

数量的方法の効果は、主として第二の意味の客観性によることが多い。実際、数量というものは、多くの場合それだけでは意味をもたないことが多い。人口が一億三〇〇〇万であるということにしても、それが五年あるいは一〇年前と比較してどれだけ増加したか、あるいは日本の国土面積と比較してどうか、また他の国と比較すると、例えば中国の何分の一かというようなことを考えて、はじめて意味のあるものとなるので、それだけ孤立した数字としてとり出しても意味がない。

量が、いわば関係を明らかにするのに有効であるということは、数量そのものが具体的に与えられなくても、あるいはきわめて大まかな近似値としてしか与えられなくても、いろいろな議論を進めるには十分であることも少なくないということを意味する。例えば人口が一億三〇〇〇万というのは日本の一九七〇年の人口の概数であるが「一九七〇年の日本の人口」というものもそれだけではあいまいな概念である。一九七〇年といっても年の始めと終わりでは人口には変化があるし、また「日本の」人口とは何か、についても細かくいえば無限に多くの問題がある。国勢調査の場合には、「一九七〇年一〇月一日午前零時に日本国内にいる人の数」というようにできる限り細かく規定しているが、それでもいろいろ問題は残るのみならず、他方ではいろいろな誤差や調査もれが生ずることが避けられないのであって、人口の正確な値などともいうような一見簡単なものでも本当にそれを求めることはほとんどできないといわねばならない。しかし実は本当に正確な値というものは必要ではない。いろいろな関係を考えるには、例えば約一億三〇〇〇万という値が知られればそれで十分であって、それが実際には一億二九〇〇万でも一億三二〇〇万でもほとんどさしつかえない。

またある場合には、「量Aの値をa、量Bの値をbとして……」というように、a、bに具体的の値を求めることなく議論を進めても、一定の範囲で有効な結論を導くこともできる。ウィリアム・

ペティの時代，信頼できる統計資料はほとんど存在しなかったにもかかわらず，彼は『政治算術』をはじめとするいくつかの書物において，いろいろ有効な議論を数量的方法を用いて導き出すことができたのであった。

実際，数学的論理の特徴は，対象そのものの「存在」よりも，対象の間の形式的な関係，ないし「構造」を重視するところにある。近代的な数学においては，「数の本質は何か」というようなことは問わない。ただ数の間の形式的な関係を公理として前提して，それから論理的にいかなることが導かれるかを追求するのである。その展開のプロセスは形式的な論理の規則さえ知っていれば誰にでもわかる(?)という意味で「客観的」であり，またその形式はいかなる現実の実体とも結びつけられていないし，従って逆にどんな対象についても，同じ構造をもつ限りあてはめることができるという意味で「普遍的」である。

そこで数量を用いることの有効性と妥当性は，対象にどこまでこのような形式的な関係をあてはめることができるかという点にかかっていることがわかる。そこで，この点について以下くわしくのべよう。

3　量の実体

まず第一に，数量というものを具体的に計測するということと，数量それ自体とは区別して考えねばならない。数量というものは一応その観測値とは独立のものとして考えねばならない。例えば物体の「質量」というものは一つの数量である。具体的なものを量って得た数字は、この数量の一つの測定値であって、このものの真の質量というものは、いわばその背後にあると考えることができる。

ところで量というものを考えるとき、それが単に数字に表わし得るというだけでは不十分である。ある種の数字はたとえ現実の何事かを表わしていても、量を表わしていない場合も少なくない。例えば電話番号四五六九は、量を表わしているとはいえない。それは例えば一五二三という番号の3倍であるなどといっても無意味である。量というものは単に数字に表わし得るだけでなく、それが他の数字との関連において、つねに一定の意味を表わすものでなければならない。

量というものは質の無差別を表わしているといわれる。このことは、量が等しいものはある意味で等しいと見なされる、すなわち他の性質の違いにかかわりなく、同一の性質を示すということを意味している。例えば同じ質量をもった物体は、色、形等の違いに関係なく、同じ「重さ」をもち、また同じ加速度を与えるのに同じ大きさの力を必要とする等々のことを意味している。さらに量というものは加えたり引いたりすることができるものであることを意味している。そうしてそのとき同じ量は、つねにおきかえが可能でなければならない。すなわちAとBが同じ量であれば、Aと第三の量Cを加えたものと、BとCとを加えたものも等しくなければならない。つまり同じ量は相等しいということは、いろいろな操作をかえても変わらずに成り立たなければならない。

このような意味では、数字に表わされるものでも、いわば完全な量と、そうでないものとがあると考えねばならない。例えば温度というものは、それが単に水銀柱の高さによって量的に計ることができるだけでは、量となったということはできない。それだけでは、例えば20°Cと30°Cの差と0°Cと10°Cとの差が「同じ10°C」だということを意味づけることができない。温度が完全に量的なものになったのは、熱力学によって例えば水1 cm³を同じ1°Cだけ温度を上げるには同じ1カロリーという熱量を必要とするということが示されたからであるといわねばならない。

量というものがいわば完全に成立しているためには、単に等しい量のものは同じであるというだけでなく、それがまた同質の部分から成っており、その一部を他の量の等しいものでおきかえることができるということが成り立たねばならない。従って量というものが考えられるとき、「もの」の中には質的には全く均一ないわば実体がふくまれていて、それはすべて量の差以外は全く同一のものであると考えられることになる場合が多い。物質の量的な把握が成立したとき、すべての物質の相違は「本質的には」量のみの差で説明されるべきものであると考えられたのであった。

数量的方法が、つねにこのような量の「実体化」を必要とするか否かは簡単には答えられない問題である。しかし少なくともそのような実体的な量を前提にした論理を、単に数値で表わされるにすぎないものにあてはめることは危険であるし、また現実的な意味を考えることなく量を実体化することも、観念の遊戯に等しいこととなる。

このような量は、勿論なんらかの意味で観測可能なものであるか、観測可能なものと結びつけて理解されうるものでなければならない。観測によっては全くチェックできないような量を考えることは無意味である。しかし直接観測可能でないということは、直ちに量の存在を否定することにはならない。そうでなければ現在、直接人類の手のとどかないところにある物質の質量を考えることも許されなくなってしまうであろう。しかしまた逆に数値に表われるかたちで観測可能なものが、つねに量を表わしているとは限らない。いわば量の存在しないところでも観測可能な事実と数値を客観的な方法によって結びつけることは可能である。

このことはいわゆる効用概念をめぐって、いろいろ論ぜられてきたことに関係する。「効用」ははたして上にのべたような意味で一つの量と考えてよいのか、それとも単に大小だけが比較できるようなものにすぎないのかということが論議の対象になった。初期のいわゆる限界効用学派は、それを完全な量と考えて、財の限界効用、すなわち最後の1単位の効用は次第に減少すると主張した。すなわち、$(n+1)$ 個の財から得られる効用と、n 個の財から得られる効用との差が、$(n+1)$ 個目の財の効用、すなわち限界効用であると考えたのである。これに対して効用というものを、そのように量的に確定できるものであるとすることに対して疑問をもった人々は、財については単にどちらが好ましいかをいうことができるという意味で、順序だけをいうことができるにすぎず、どちらがどれだけ好ましいかを、量的にいうことはできないと主張した。

ところがこの問題は、効用の測定可能性と混同されて論じられることが多かったので、問題の理解が混乱したように思われる。そのためジョン・フォン・ノイマンが確率的メカニズムを用いて効用を数値として測ることができることを示したとき、* そのことが効用が実際量であることを証明したものであるかのように思われたのであったのが、それは本来考えられたような意味で、効用が量的なものであろうことを証明したものではなかったのである。少なくともノイマンの意味での測定可能な効用概念を用いて、例えば効用が量であることを前提として展開されている消費者余剰の概念**のようなものを、基礎づけることはできないのである。効用の可測性は、効用が量であるための必要条件ではあるが、十分条件とはいえない。

*　ノイマンによる効用の測定の工夫は簡単にいえば次の通りである。いま簡単のために金額0の効用を0、一〇〇万円の効用を1とする。いま確率pで一〇〇万円あたるようなクジを用意する。そのとき、もしある人がこのクジを一〇万円なら買い、それ以上なら買わないとすると、

一〇万円の効用　$u(10)=pu(100)+(1-p)u(0)$　となる。

いろいろな確率をもったクジについてこのようなことを行なえば、いろいろな金額の「貨幣の効用」を測定できることになる。

**　いま、ある消費者が、1個p円の消費財をk個買ってpk円を支払ったとする。この消費者が合理的に行動していたとすれば最後のk個目の財の限界効用は、p円という貨幣の限界効用にちょうど等しく、それより以前の財の効用は、貨幣の効用より大きいであろう。従って全体としては買って得た財の総効用は支払った貨幣の総効用より大きいはずである。この差を消費者余剰という。すなわち消費者は購買によってこれだけの利益を得たことになる。

この議論においては、明らかに効用というものが加えたり引いたりすることができる量であると考えられている。しかし(*)でのべたノイマンの意味での効用の数値は、このような加えたり引いたりすることのできる量としての性質をもっていない。かりに効用が量であることが正しいとしても、ノイマンの方法

で測られた値がその量でそのまま表わしているとは限らない。勿論効用の量の値と、ノイマンの測定値の間には一対一の単調な関係があるであろうが、それが同じ値になるということは、ノイマンの公理系の中には前提されていない。例えば、ノイマンの公理が正しいとすれば、人が現実にかけをするということは、貨幣の限界効用が増加することを意味するといわれることがある。なぜならば、例えば確率½で一〇万円を得るかけに、人が喜んで五万円を出すとすれば、

$$\frac{1}{2}u(10)+\frac{1}{2}u(0)>\frac{1}{2}u(5)$$

ということを意味し、これは、

$$u(10)-u(5)>u(5)-u(0)$$

すなわち最初の五万円より、二つ目の五万円のほうが大きい効用をもつことを意味すると思われるからである。しかし$u(10)-u(5)$が二つ目の五万円の「限界効用」を表わしていうということは、ノイマンの公理系からは導き出されないのである。

実際、効用を単に数値で表わすだけならば、すべてを貨幣額と比較すれば足りるわけであって、貨幣額が効用に対していわば一様な尺度でないというならば、いったい何が効用の量を規定するものであるかを、まず論理的に明確にしなければならない。それをすることなくただ別の尺度を持ち出しても、問題の解決にはならない。

4　観測可能性と量

しかし上にのべたような量のいわば実体と、その観測値との区別を絶対的なものと考えることに

は問題がある。というのは量の認識というのは、いわば現実のモデル化であり、複雑な差異をもったものから質的な差異を捨象することによって、はじめて成り立つものであって、客観的な現実そのものの中に、いわば量的な実体がひそんでいると考えるのは、一つの観念論にほかならないからである。観測値から離れた量の実体を考えるということは、現実の観測値からモデル化された関係が、個々の観測値から離れた安定性を示し、従ってまたいろいろなかたちでの観測を通して一定の関係を示すであろうと想定することを意味するのである。従ってそれは究極においては観測ということと結びついており、またそれを通してはじめて定義されるものなのである。例えば物体の質量というものについてそれが一つの量であると考えられるのは、それを例えば重さを量るというかたちで量ったとき、いつどこで量っても、あるいはそれをいくつかに分割して量ってそれを合計しても、いつでもほぼ同じ値が得られるものと想定されるからであり、あるいはその値を用いて一定の加速度を生ぜしめるのに必要な力の大きさをあらかじめ知ることができるからなのである。ある意味では物体が一定の質量をもつということは、このようないろいろな関係を一言で表現したものであると考えることもできる。

いわゆる操作主義の立場に立てば、量というものを、観測から離れた実体として考えるのは誤りであって、それは観測の結果得られる数値以外の何ものでもないとされる。このような考え方は、観念的に量というものを実体化して、形而上学的空論に陥ることを避けるためには有効である。例えば価格関係の背後に価値関係があるというようなことがいわれるとき、現実に五〇〇〇円という価格をもった一足の靴が、ある大きさの〝真の価値〟を内にひめているというように考えることは、無意味な観念遊戯にすぎないであろう。しかし例えば一つの石の重さを何回か量って、いくつかの値を得たとき、これらの値の背後に〝真の重さ〟があって、それぞれの観測値は誤差の分だけ真の値から離れていると考えることは自然な考え方である。操作主義の考え方を極端に進めて、このような場合にも〝重さ〟としてはその度ごとに異なる値をもつものでしかないのであり、〝真の重さ〟というのは、このような操作の無限のくり返しを想定した場合、その観測値の平均の極限としてかりに想定したものにすぎないなどといってみても、議論を煩雑にするだけであろう。

しかしある場合には、このような観測値の平均の極限というようなかたちで考えられたものが、一つの量を定義すると考えることができるような場合もある。すなわち観測方式が確立され、その結果が十分な安定性を示すことが知られるならば、それによって本来量的な意味が明確でなかったものが、逆に観測を通じて量的なものとして認識されるという可能性を否定することはできないであろう。例えば、いわゆる知能指数 *IQ* というものを考えてみよう。これはさしあたっては、一組のテストに対するある人の反応を、適当な数値に変換したものであるにすぎない。〝知能〟なるものを理論的に量的なものとして定義することは不可能であるから、*IQ* が何らかの意味で量的なものと見なされる〝知能〟を〝測った〟ものであるというい方には問題があるであろう。実際、*IQ* 150 の人は *IQ* 100 の人より五〇%大きな知能をもっているなどということは無意味であろう。しかしもし *IQ* のテストの方式が十分確立されて、その方式によるテストの結果が個々の人についてほぼ安定し，またそれによって得られた値がその人の行動について何らかの予測（一定の状況における問題解決の可能性などを知る）に役立つならば，*IQ* を通じて測られる量で知能の量の存在を想定することも無意味ではなくなるかもしれない。

5　社会過程における数量化

いわゆる統計数字といわれるものの中には，さきにのべたような意味での必ずしも一定の量を表わしているとはいえないようなものが多くふくまれている。このことは，しばしば誤って理解され，議論に無用の混乱を招いているように思われる。例えば物価指数は，物価水準を表わしているというとき，しばしば物価水準というもの，あるいは，それを裏からいえば貨幣の購買力というものが，一つの数量としてあらかじめ存在しているかのように理解されている。しかし現実には多数の商品について多くのまちまちな価格の動きが存在するだけであって，一つの物価水準などというものはどこにも存在しないのである。勿論物価の変動は，企業のコストや家計の生計費に影響し，従って同じ生産，あるいは同じ生活を維持するのに必要な貨幣額は変動するであろう。従って個々の企業，家計にとってはあたかも物価水準というようなものが存在するかのように思われるかもしれない。しかしそのような物価水準は，今度は各企業，あるいは各家計ごとに違うことになるであろう。一般物価水準なるものは，要するに物の側から見ても，購買主体の側から見てもまちまちな値の一つの人工的な，計算値にすぎないのである。従ってこのような場合に，真の物価水準を反映する正しい指数計算方式は何かというようなことは問題になり得ない。それにもかかわらず、このようなかたちで問題が提起されて、議論に無用の混乱が生ずることはしばしば見られるところである。

ところでこのような議論を厳密に進めると、社会科学、あるいはその中の一分野としての経済学における数量的方法の応用については、著しく悲観的とならざるを得ないように思われるかもしれない。実際例えば、無造作に工業生産の量などということをいう場合に、実はそれは鉄何千万トン自動車何百万台等々というような、無数の異なる種類のものから成っているのであるから、それを簡単に一つの数量として扱うことはできないように思われるであろう。

しかし、かりにわれわれがこのような異質のものを同じ単位ではかって一つの数量にまとめるということを否定するにしても、実はそのことは現実の社会においては、絶えず行なわれている。すなわち異種の商品が、すべて共通の価格によって表現されることによって、同種の数量として表わされているのであり、それによって例えば鉄鋼業の生産額と自動車産業の生産額とを直接比較することができるようになっているのである。すなわち商品生産社会、特に資本主義社会においては、商品生産者の間の関係を通していわば社会的な過程として数量化が行なわれる。すなわち価格というすべての商品に共通な数量が作り出されるのである。

すなわち鉄、自動車等々の雑多な財の集積は一つの数量ではないが、しかしそれを商品の集まりと見れば一つの価格をもった数量と考えねばならないのである。

資本家、あるいは資本主義的企業は、一定の額の利潤が得られる限り、自分の生産しているものが鉄であるか、自動車であるか、衣服であるかには、直接には関心をもたない。すべての商品は、一定のコストがかかり、一定の額で売れるべきものとして、質的内容を捨象された量としてのみ現われることになる。すなわちこのような異質のものを単なる量の差に還元することは、商品関係を通じて生み出されたものであると同時に、またそれによってはじめて資本主義的生産がそもそも可能になっているのである。

社会認識における数量の基礎には、このような社会過程自体の中における数量化が前提となっているということは、自明ではあるが重要な事実である。ウィリアム・ペティのさきの文章がまさにイギリス市民革命期、いいかえれば近代資本主義社会の出発点において書かれたことは決して偶然ではない。

実際、次の章でくわしくのべるように、社会現象の数量的認識、いや実は自然現象の数量的認識さえ、その本格的な展開は近世になってからであり、そこには資本主義の発展と密接な平行関係が認められるのである。

6　量の社会的根拠とその限界

ところで、社会現象における数量の成立が(さらには自然現象に対する数量的認識の成立すらも)資本主義社会における基本的な社会関係にその根拠をもつことが明らかにされたとしても、なおいくつかの困難な問題がある。一つは社会関係から生ずる数量の基本的な性質ということである。第二に、それの反映にほかならない数量的世界観ないし数量的認識方法の限界と有効性の問題がある。いいかえれば、それがどこまで資本主義社会の歴史的制約を離れた一般的な有効性を主張し得るものであるかということである。この二つの問題は明らかに相互に関連している。資本主義社会においては、商品関係が社会の全体をおおう結果、質的な差がすべて量的な差として現われるにいたり、そうして例えばいろいろな階級は、単にいくつかの所得階層として現われることになる。このことの結果として、社会認識においても量的な関係の背後にある質的な構造が見逃されることが多いということはしばしば指摘されるとおりである。

しかし問題は、このようないわば通り一遍の批判的言辞だけで片がつくものではない。第一に資本主義社会においては、本来質の差であるべきものが量の差として現われ、従ってそこにいわば虚偽の数量が成立しているといっても、このような数量は決して架空のものではなく、現実の社会関係の中に存在している以上、やはりそれはそれとして現実の意味をもっているのである。例えば人間の価値はその所得で表わされるものではないということがいかに真実であっても、所得の差異ということが現実に重要な意味をもつことを否定することはできない。だから、いわば虚偽の量をただ否定しただけでは問題を真に解決したことにはならないのである。第二に量的差異の背後にかくされた質の差異を見るというとき、「量的」「質的」という概念は、社会科学に関するかぎり社会的な観点から理解されねばならない。もしそれを純粋に物理的なものにまで解体してしまうとすれば、経済の数量的把握ということも不可能になってしまうであろう。そうすると問題は等しく社会的に成立した数量の中に、いわば一定の時代的制約の下に成立した虚偽の量と、より一般的な根拠をもついわば「真の」量とを区別しなければならないことになると思われるかもしれない。

例えば経済成長という概念をとってみよう。これは通常、国民総生産、あるいは国民所得の増加率として捉えられている。しかしながら国民所得というとき、通常の資本主義国の計算では、物的生産のほかに、きわめて種々雑多のいわゆる「サービス」生産がふくまれている。これらの「サービス」の中には、例えば軍隊や警官の賃金のように、いかなる意味でも生産とは結びつきにくい部分もふくまれている。しかし資本主義社会では、賃金はすべて「生産的サービス」に対する対価であると考える以上、この部分を国民所得から除くことは難しい。もしそのようなことを試みるとすれば、実際どこに「生産的労働」と「不生産的労働」の区別をつけるかについて重大な困難にぶつかるであろう。というのは賃金は「生産的サービスの対価」であるということは資本主義社会では決して架空のことではなくて一つの社会的現実を表わしているからであり、その中に区別を求めるとすれば、かえって恣意的なものとならざるを得ないからである。*

＊　マルクスは『資本論』第二巻では「生産的労働」を物的生産に関するいわば超歴史的な範疇として定義し、他方、『剰余価値学説史』では資本家に剰余価値をもたらすすべての労働、「オペラ歌手等々の労働」として定義した。この「矛盾」は論争の的となったが、資本主義社会においては、「生産的労働」は『剰余価値学説史』におけるようなかたちでしか現われず、他方、前者の意味における「生産的労働」にしても、それが量的なものとして、すなわち具体的な有用労働としてではなく抽象的人間労働として現われるのは、まさに資本主義的生産様式の下においてであるというところに、問題の要点があるように思われる。

勿論、資本主義以外の社会では、事態は変わってくるであろう。しかしはたして社会主義社会では、もっとすっきりした、例えば純粋の物的生産のみを表わす国民所得概念を構成しうるであろうか、私はこれについてむしろ疑問をもつ。というのは価格、従ってまた商品関係を前提しなければ種々雑多な財の生産の総量というようなものを考えることはできないからである。そうしてもし商品関係が、経済の一部にしか影響を及ぼしていないならば、おそらくかりに計算価格が存在しても、その評価は恣意的なものとならざるを得ないであろう。逆に商品関係が経済の全体をつかんでいるとすれば、同じように売ったり買ったりされているものの中から、〝真の価値〟と〝虚偽の価値〟とを区別することは容易ではないし、またそれを行なうことが有益とも思われない。それが国家が基本的な生産手段をすべて所有しているという意味での〝社会主義〟社会であったとしても、経済関係のすべてが商品関係というかたちで行なわれているならば、例えば〝資本の利子〟(それは企業から国家に支払われるというかたちになるであろう)は当然現われるであろうし、それはまた現実に商品のコスト、従って販売価格にもふくまれるであろうから、経済計算から〝資本の生みだすサービス〟という概念を除いて考えることは困難となるであろう。

社会的な関係の中に現われる数量というものに「真の量」と「虚偽の量」を区別することは実りのある方法とは思われない。むしろ「数量」そのものが社会的に成立したものである限り、すべてそれは社会の歴史的発展の中に一定の必然的根拠をもつと同時に、またそれにともなう一定の歴史的制約をもつものであることを認識することが重要である。

自然現象においては量的な関係は、時・所を問わず一定不変である。物体の質量はそれをどこへ持っていっても、またいつ量っても変わることはない。これに対して社会的な関係の中に現われる数量関係は、社会の歴史的発展にともなって変化する。いろいろな商品の間の価格関係は時とともに変化している。勿論その変化のうちの一部は偶然的なものとして、経済学的な議論においては、ある程度捨象して考えることができるかもしれない。しかしかりに生産費に一定の利潤を加えたものを、価格が落ちつくべき基準と見なしたとしても、生産費や平均利潤自体変化するのであるから、その基準は決して固定していない。従って例えば、〝自動車1台は米1kgの何倍であるか〟というような問題に対して与えられる答は、時代とともに変化するであろう。また、そもそも自動車というようなものが存在しなかった時代には、このような問題自体が成立しなかったであろう。一般に社会的な数量の間に成立する関係は、決して時・所をへだてて無限定に成立するものではない。すなわち一定の共通な条件の下にあるいくつかの量については、形式的な数量関係をあてはめることができるにしても、そのような関係を社会の歴史的制約を離れて無制限に適用してはならない。従って例えば国民所得の増加率は、資本主義国、あるいはある段階における社会主義国の経済の成長をはかる尺度としては合理的なものであっても、異なる歴史的発展段階にあるような経済をはかる尺度としては、適当なものとはいえないであろう。このような場合にとるべき方法は、すべての経済に一様にあてはまるような尺度をあれこれと探し求めることではなく、むしろそれぞれの発展段階に応じて適切な尺度を見出すことでなければならない。

このことは、発展段階を異にする経済について、数量的比較を行なうことがきわめて困難であることを意味する。例えば1ドルは購買力から見て何円になるかは、おそらくどのような観点から見るか、どのような生活を前提にするか（アメリカ的か、日本的か、どちらでもないか）によっていろいろ変わり、1ドル＝一〇〇円、二〇〇円、三六〇円、四〇〇円、五〇〇円といろいろな値が出るであろう。さらに精しくいえば、あるいは一〇〇ドル＝三万六〇〇〇円でも、一万ドルは四〇〇万円、1ドルは二〇〇円というようなことになるかもしれない。すなわち1万円は一〇〇円の一〇〇倍で1円は一〇〇円の一〇〇分の一ということは、日本では成り立っても、アメリカでは成り立たないかもしれないのである。

7　方法的数量化

ところで、社会科学における数量的方法の中には、社会過程それ自体における数量化を前提にしないものもある。このような方法を方法的数量化と呼ぶことにしよう。

方法的数量化にも、実はいろいろなタイプがある。一つは数量的に直接表現できない状況に対して、一つの仮説的な抽象的なモデルとして数量的関係を想定し、そこから導かれる結論を、現実を理解するための手がかりとして用いようとすることである。例えば国際政治関係の分析にゲームの理論が応用される場合などが、その例である。ゲームの理論は本来、明確に定められたルールの下で、数量的に表現された利得額を目ざして、各人が競い合うような状況を、数学的・形式的にモデル化したものである。勿論現実の国際政治においては、その〃ルール〃が何であるか、また各国の目ざしている〃利得〃は具体的には何ではかることができるかというようなことを、実際に求めることは不可能に近い。従って国際政治におけるゲームの理論の応用といっても、そこから現実に具体的な予測を可能ならしめるような結論を導くことはあまり望み得ないであろう。しかしそれにもかかわらず、ゲームの理論において得られたいくつかの結論、あるいはそこにおいて構成されたいくつかの概念は、国際政治における諸現象を理解し、あるいは何らかの意味で予測を行なうにあたって、有効な指針を与えるかもしれない。*

* 例えば、ともに核兵器を持った二つの大国がにらみあっている状況を想定しよう。両国はともに核兵器を恐嚇に用いることもできるし、また、核兵器を捨てて話し合いによる合意に達することもできよう。ここでもし、両国がともに話し合いをえらべば、両国とも一定の利益を得ることができよう。それに対してもし一方が恐嚇し、他方がそれに屈すれば、一方はより多くの利益を引き出すことができる。これに対して両国とも核兵器による恐嚇をえらぶならば、核戦争＝両国とも破滅ということになるであろう。そこで問題を単純化して両国ともえらぶ手は二通りとすると、例えば上のような関係が得られる。

A国の利益

Bの手	Ⅰ（話し合い）	Ⅱ（恐嚇）
Aの手 Ⅰ	20	0
Ⅱ	30	− 1,000

B国の利益

A/B	Ⅰ	Ⅱ
Ⅰ	20	30
Ⅱ	0	− 1,000

　ここで、20, 30, −1,000 などという値には特別の意味はない。ただ核戦争による破滅は、得べかりし利益にくらべて著しく大きな損失を意味するであろうということを表わしたにすぎない。さてこのような状況はいわゆる〃囚人のディレンマ〃と呼ばれるもので、非零和二人ゲームの典型的な場合

である。非零和二人ゲームの数学的理論は、このような状況に対して一義的な〝解〟を与えてはいないけれども、そこからこのような状況を理解する何らかの手がかりが得られるであろうことは事実である。

またある場合には、仮説的なモデルを構成すること自体が、その情況に対する理解を深めるうえに有効である場合も少なくない。モデルを構成して行くプロセス自体が、対象の中から本質的と考えられる関係を抽出し、またそれを論理的に整合的なものにすることを意味し、それによってこれまで非形式的、非数量的に考えられてきた理論の、論理的矛盾とあいまいさを整理するのに役立つということは少なくない。そのような場合には、問題とされる数量は、現実にそれとして把握されるものである必要はないといってもよい。いわば、ここではモデルは作られてしまえばその役割は終わることになる。

方法的数量化の第二は、数量的でない観測データを数量に変換することである。最も簡単には、例えばある事象がある対象について観測されているかいないかということを、もしそうであれば1、観測されていなければ0というように表わすことにより、多くの対象と多くの事象との関連を、数字を用いて、いろいろに加えたり、比を求めたりして表現することができる。またある場合には、非常に大きい、大きい、中程度、小さい、非常に小さいというような〝程度〟で表わされているようなものを、例えば5、4、3、2、1というようなスコアに変換して、いろいろ計算を行なうことがある。またそこでは単純に5、4、3、2、1とする代わりにどのような値を与えるのが最もよいかということも問題となる。このような問題を形式的に扱っているのがいわゆる〝数量化理論〟と呼ばれるものである。

このような方法には制約と限界があり、私としては、その意義を過大評価することはできないと思うが、しかし多量の経験的データを整理し、それに適切な見通しを与えるための手段としては、有効な場合も少なくない。ただしこのような意味で〝数量化〟されたデータが、単なる形式的な数字という以上の意味をもち、なにか実体的なかくれた量に対応するものであるかのように考えるのは危険であるといわねばならない。

方法的数量化のさらに複雑な形としては、本来まったく異質の数量データあるいは上記のような意味で〝数量化〟されたデータを、一定の形でまとめて、いくつかの指標を導くという方法がある。多種の数値をまとめる方法としての因子分析法といわれるものがその著しい例であり、それは心理学、教育学等においては最もしばしば用いられている。このような方法の有用性は経験的には知られているといってよいが、しかしその結果を、直ちに実体的なものを反映しているものとして解釈することには、慎重でなければならないであろう。異種の値から計算されている景気指標のようなある種の経済指標も、このような性質のものと考えることができる。

このような方法的数量化は、一般にはアカデミックな議論において用いられることが多いが、しかしその中のある種のものは、現実の社会において一定の意義をもっている。例えば物価指数などというものは、すでにのべたように、決して貨幣の購買力の逆数というような実体的な量として理解することはできない。しかしそれが fictitious な量であるとしても、それが分析において一定の意味をもつことは明らかであるのみならず、それが政府機関によって公式のものとして発表されると、それ自体一定の社会的影響力をもつにいたる。そうして例えば賃金交渉においてそれが有力な道具として用いられることになる。またこのような値は政府が政策を立てる場合にも、その目標を与えるための手段として重要な役割を果たすにいたる。もし物価指数というものがなければ、政府の価格政策は、まちまちな価格に対するバラバラな政策として、統一性を失ってしまうことになるであろう。*

* 物価指数をはじめ、多くの経済指標が本質的には方法的数量化にもとづく fictitious な量であるということは、逆にその計算方式などが絶対必要でない限り、なるべく変えられないほうがよいという要請を生み出す。量としての実体を考えることが不可能である場合には、異なる状況を比較することの可能性を保証するものは、方法の均一性ということしかない。従って方式自体に若干改善の余地があっても、むやみに方式を変えることは、得るところよりも失うところが大きい。

方法的数量化は、確かにある場合には観念の遊戯に陥る危険性をもっている。しかしそれがまた有効な役割を果たす場合もあることは事実である。ただその区別がどこに引かれるかは、個別科学を離れて一般論として論ずることはできないであろう。

第2章　数量的方法の歴史性

1　はじめに

社会科学における数量的方法あるいは数量的認識も、長い間の歴史的発展の結果として生まれたものである。それはそれ自体の歴史的発展の過程の結果であるという意味でも、また社会の歴史的発展段階に制約され、あるいは影響されているという意味でも、歴史性をもっている。

2　自然科学における数量的方法

社会科学における数量的方法について論ずる前に、自然科学における数量的方法の歴史的展開について、簡単にふりかえっておくことは有益であろう。

そこで直ちにいいうることは、自然科学においても、数量的方法の適用は、決して歴史的にもまた論理的にも、無条件的なものではなかったということである。

近代以前のすべての文明は、程度の差こそあれ、それぞれ一定の数学と自然科学をもっていたが、しかし一般的にいえばそれは決して互いに結びつき得るものではなかった。

たしかに数学は、例えば古代エジプトにおけるように、土木技術や天文学における要求に応ずるために生まれたものであったかもしれない。しかしそのことは決して数学が、直ちに自然科学や技術の「方法」として使われるにいたったということを意味しない。

数学は、自然の中に存在する量的な現象、あるいは数量的な関係を認識し、それを抽象化することによって生まれる。一頭の牛、二人の人間、三個の果実等々から、具体的な「もの」を捨象することによって、1、2、3……という数が成立し、また具体的なものの形を純粋化することによって、円とか三角形とかいう概念が成立する。しかしこのようにして成立した数量（あるいは図形）の概念を科学的認識の方法として用いるためには、今度は逆に現実を量的なものとして捉えなければならない。すなわち無限の変化を示す現象の中で本質的なものは量の差であり、質の変化や個体の差異は仮のものであるとして、いわば現実を「数量化」して理解しなければならない。そうしてこのような自然の「数量化」は、歴史的にはきわめて特殊の段階においてしか行なわれなかったのである。

事実、論理的厳密性という点では、後世の模範とされたユークリッド幾何学を生み出したギリシャでも、自然科学においては、すべてを相互に対立する質の相異において理解しようとするアリストテレスの世界観が支配的であった。数学ことに幾何学は、最も明晰な真理を与えるという点で、あらゆる学問の中で最も高い地位を占めるものとされたけれども、それが他の学問に、あるいは自然認識に応用された場合には、それはピタゴラス的な数の神秘主義や、トレミー流の天文学を生み出すにとどまり、前者のような場合には、自然科学の進歩を妨げることさえあったのである。

このような事情は、中国やインドの文明においても同様であった。またわが国の和算がある時期においてニュートンの微積分学に匹敵するものを生み出したとしても、それは自然科学、あるいは物理学とは全く無関係なものとして成立したことに注意しなければならない。

数量的方法の自然科学への応用、あるいは数量的自然科学は、ヨーロッパにおいて近世の初期にいたってはじめて成立したのであった。すなわちガリレオによる物理法則の数学的な展開、デカルトによる空間の数量化を経て、ニュートン力学の成立によって数量的自然科学は、はじめて近代的な姿において出現したのである。ニュートンの体系はただ三つの基本法則から、微積分という新しい数学の手法を利用することによって、天体の運動から、地上の物体の動きのすべてを説明しつくすことができた。それは相対性理論と量子力学の出現にいたる二百年以上の間、疑問の余地のない真理を与えるものとされてきた。またそれは他の自然科学あるいは社会科学の模範とされてきたのである。

ニュートン力学の偉大な成功の秘密がどこにあるかを確定することは不可能に近い。しかしそれがすべての物体を質量の差のみにおいて、すなわち質的には均一で、ただ量のみの差をもつものとして捉えること、空間と時間をそれぞれ一つの連続量として捉え、従って物体の運動を速度と加速度という純粋に量的な概念のみによって表現することを前提にして、はじめて成立したものであったことは確かである。そうしてこのような前提は近世初頭からルネッサンスの期間を通じて徐々に準備されたのであった。そうしてこのような量的世界観はニュートン力学の成功によって逆に強化されることになった。

しかし自然科学の数量化の方向への発展は、決して一様でもなく、また全体的には速いとはいえなかった。化学においても、定量的な化学の成立は一八世紀末のラボアジェをまたねばならなかったし、量的な熱力学の成立は一九世紀、また生物学における量的な方法の導入はダーウィンの進化論と遺伝法則の発見にともなってはじめて行なわれるようになったのである。

この間、自然科学の特定の分野が数量化されなかったということは、決してその分野に発展が見られなかったことを意味するものではない。生物学は質の対立を基礎とした、いわばアリストテレス的なリンネの分類学以来、最近にいたるまで主として非数量的な方法によって発展してきた。化学においても、これまた最近にいたるまで、ほとんど単なる算術か、あるいは簡単な代数以上のものが用いられることはなかった。そうして例えば化学反応が化学方程式という形で表わされるにしても、化学反応の過程自体は決して数量的関係式によっては表現されなかったのである。

3 数量的方法の諸段階

従って科学のいかなる分野においても、数量的方法が適用され得るためには、まずその対象の量への還元が有効に行なわれ得るような条件が成立していなければならないのである。

しかし数量的方法というものについてもいくつかの段階がある。少なくとも対象を量的に記述することと、対象の間に成立する関係を数量的法則として数式で表現することは二つの異なる段階として区別されねばならない。さらに数量的法則を、その基礎にある因果関係、ないし質的な関係の表現として理解する場合と、数式そのものが法則にほかならないものとして、いわば法則が形式的な数量関係としてのみ表現される場合とでは、そこにも段階の相違がある。

いまAという現象が原因となって、Bという結果を生ずるものとしよう。このような事実の理解を数量化して理解するためには、まずA、Bの背後にある量a、bを見出さねばならない。そのためには、A、Bそれぞれの中に、見かけ上の質的変化の中に、単に量的な変化によってのみはかれるようなものが存在し、それがいわばA、Bの〝本質的〟なものを表わすということが想定されねばならない。例えば物体を色、形、硬さ等々をすべて切り捨てただ質量という大きさのみをもつものとして捉えることが、近代的力学の出発点であった。これが第一歩である。次に二つの量aとbの間に一定の関係を見出して、これを一定の数式を用いて

$$b=f(a)$$

という函数関係に表現することが可能になれば、これは第二の段階ということができる。

しかしここではなお、aが原因であってbが結果であるという説明は残されており、それは数式によっては表現されていない。数学的には上記の関係式は、

$$a=f^{-1}(b) \quad (f^{-1}\text{は}f\text{の逆函数を表わす})$$

とも表現することができ、この二つは完全に同値であるが、このように表現したからといってbが原因でaが結果であるというように因果関係を逆転したことにはならない。

しかしさらに進むと、上記のような因果的な説明は除かれて、二つの量の間の函数関係がすべてであって、それが観測可能な事象についての予測可能な命題を与えるということだけが、このような式の〝意味〟であるとされる。すなわち、このような場合は一般に

$$f(a,b)=0$$

という形で表わすことができる。この場合もはやa、bのどちらが原因で、どちらが結果だということはない。ただ二つの量はつねに一定の関係を満たしていなければならないということを主張しているにすぎない。ただこの関係式が知られれば、これからaを知ればbの値が、逆にbを知ればaの値が求められることになる。それがいわば数量的形式化の完成された形ということができる。これが最後の段階である。

実際、ニュートンの力学の体系においては、すべてが運動方程式という形で数式に表現され、それ以上なんらの説明も必要としない。ニュートンは、なぜ物体が外力を加えなければ直線運動を続けるのか、あるいは万有引力がなぜ作用するのかというようなことを説明することを拒否し、運動法則を記述するものとしての方程式を定式化する以上のことをいっさい避けた。これがニュートンの「われ仮説を作らず」という宣言の意味であった。

実はニュートン力学は、ニュートンの手ではじめから形式化が極限まで完成されていたわけではなかった。ニュートンの定式化では、二つの物体の質量がそれぞれm_1、m_2、距離がrのとき、その間に

$$F=k\frac{m_1 m_2}{r^2}$$

の大きさの〃力〃が働く。次にその〃力〃は二つの物体に対して加速度を生ぜしめる、という形で理論が作られていた。すなわち、ここではまだ万有引力という力が物体の運動を起こさせる原因であるということになっている。しかし、このような〃力〃は実は加速度を生ぜしめるものとしてしか観測されないわけであるから、実は加速度の背後に〃力〃という実体があると想像するのは、いわばよけいなことである。従って上記のような二段階の議論から万有引力という媒介物をも除いてしまって、二つの物体が存在すれば、その間に加速度が生ずるという形で定式化すればそれで十分であり、観測によって検証可能な命題を導くには、それでも全く変わることはない。ニュートン力学のこのような形での形式化は、一八—一九世紀の解析学の発展を通して行なわれることとなった。

ニュートン力学の偉大な成功は、すべての科学がその跡を追わねばならないような錯覚を生ぜしめ、ひいては質的あるいは因果的な説明はいっさい誤りであって、すべてが数量的な関係式に表現されねばならないとするような見解をも生み出すにいたった。しかしそれには勿論疑問がある。ここでは因果関係とはそもそも何であるかというようなことを論ずることはできないが、客観的な対象そのものに因果関係が存在するか否かには関係なく、とにかく科学のある分野においては質的な説明、あるいは因果関係による解釈が有効であることは確かである。従って数量化がどの段階まで行なわれるかは、ただ科学の発達段階にのみ依存するものではなく、対象となる分野の性質にもよるのでなければならないのに、物理学の例を模範として他の分野にいわば押しつけたことには問題が多かったのは当然である。

4　数概念の発展

ここで数量概念そのものも、実は歴史的に次第に発展してきたものであることに注意しなければならない。

ギリシャにおいては、2の平方根というような無理数をはっきり数として認識することができなかったために、長さのような幾何的な連続量と、数とを統一的に理解することができなかった。デカルトによる解析幾何学の創始によってはじめて幾何的な位置、長さと数とが統一的に理解されるようになり、微積分学によってはじめて連続的な数量が数学的に扱われるようになったのであるが、連続量＝実数概念が厳密に確立されたのは実は一九世紀になって複素函数解析が発展してからであった。

ところでギリシャ時代すでにユークリッドは、幾何学を一定の公理から厳密な論理のみによって導き出された体系として構成することに成功していた。これに対して代数や解析は長い間直観的な議論に基礎をおいていたが、一九世紀後半にいたって、その厳密に論理的な体系が作られるようになった。それとともに数学のすべての分野を、公理から導かれた形式的論理の体系として作り出そうとする公理主義の考え方が成立した。すなわち数学が一応いっさいの経験的事実から切り離された、純粋に形式的な論理の体系としてのみ理解されるようになったのである。勿論このことを、数学が全く経験的な事実の世界と無関係なものであるという意味に解釈すれば、それが誤りであることは明らかである。しかしひとたび公理を前提にした上では、すべての論証は経験的知識に訴えることなく、全く論理的にのみ行なわれねばならないということは、数学のきわめて重要な特質である。実は数学が広い応用範囲をもつということは、この点に根拠をもっているのである。というのは、数学の命題の妥当性がいかなる経験的事実とも独立であるということは、いったんある対象が一定の公理系に対応する構造をもつことが確定されれば、その公理系から導かれるすべての定理はその対象に対してあてはまることを意味するからである。いいかえれば、同一の構造をもつものは数学的には全く同じものとして、一方にあてはまるものはすべて他方にもあてはまることになる。例えば三次元空間の点が、座標系を用いて3つの実数の組（x, y, z）で表わされるとすれば、実は三次元空間というものと、このような3つの実数の組の集合とは、数学的には同じものなのであって、一方に関して成り立つことは、すべて他方についていいかえることができるのである。

公理主義的な考え方は、この点を明白にする上に有効であったが、それとともに数や図形などに関して考え得る公理系は一通りに限らないということが認識されるようになった。まず最初ユークリッドのものとは違った公理系からも幾何学の体系が作られることが、一九世紀初頭、非ユークリッド幾何学の成立によって明らかにされたが、後にふつうの数の体系とは異なる演算の規則をもつような体系の研究等、次第に多くの新しい分野が開かれるようになったのである。

5　数学と物理学

ニュートン物理学の成功は、一面からいえば、自然科学における数学の勝利であったが、他面、それは数学の物理学への従属をもたらすことになった。その後一九世紀にいたるまで、数学の発展の重心は、物理学のための道具としての微積分法を中心とする解析学にあった。数学の発展の方向が物理学への応用の観点から与えられるという傾向は、現在でも強く残っているが、とくに一九世紀の初めごろまでは、数学＝解析学と、物理学＝力学とはほとんど一体化していた。

このことは近代の数学の発展にいくつかの影響を与えた。第一に、当然、数学の諸分野の中で物理学の応用上必要な分野が他の分野より早く発展した。逆に物理学と関係の少ない分野では発展がおくれた。例えば近年急速に展開された線形計画法の理論など、問題の数学的性質からすれば、すでに一七世紀か一八世紀に作り出されていたとしても不思議でないように思われる。第二に連続量となめらかな函数関係を対象とする数学のみが発展した結果、物理学以外への応用においても、もっぱら対象をそのようなかたちで捉えた上でなければ数学を応用することができないものと思われるにいたったが、このことは現実には好都合なことではなかった。実際にはよりしばしば見出される不連続な量に関する数学の発展は、ごく最近になってはじめて体系的に行なわれるようになったが、それは今後広い範囲をもつことが予想される。

さらに数学と物理学が密着していたことは、数学の本質を誤解させることになった。すなわちそれは、論理的に厳密であると同時に経験的にも妥当する一つの真理、あるいはカントの用語によれば先験的総合判断を与えるものと考えられた。すなわちユークリッド幾何学は単に一つの形式的な論理体系にとどまるものではなく、現実の客観的な空間を直接把握したものとして絶対的な正しさをもつものと考えられていたのであった。

非ユークリッド幾何学の成立は、このような考え方が論理的には根拠のないものであることを明らかにしたけれども、なおそれは単に観念的な論理上の遊戯にとどまるものであって、現実の空間はユークリッド空間であるということが信じられてきた。実際にそれが破られたのはアインシュタインが特殊相対性理論において物理空間を（時間をふくめて）四次元の非ユークリッド空間として捉えたときであった。しかしそのことはときに誤って理解されているように、現実の空間がユークリッド的ではなく非ユークリッド的であるということを意味するものではない。

現実の空間、すなわち物理的な空間は、それ自体ではユークリッド空間でも、非ユークリッド空間でもない。それがユークリッド的か否かをいうためには、その中に例えば直線を導入しなければならない。物理的な空間においては、直線はなにか物理的なものとして定義されねばならない。そこで抽象的にいえば何を直線と定義するかによって、物理空間はユークリッド的にも非ユークリッド的にもなり得るであろう。すなわち数学的な空間としてのユークリッド空間にも、非ユークリッド空間にも対応させることが可能であろう。勿論現実には理論構成の便宜上、このようなことは恣意的には行ない得ないであろう。しかし物理的な空間と、数学的な空間とは原理的には本来別個のものであって、前者の中の特定のものを後者の中の特定の概念に対応させることによって、はじめて前者は後者に結びつけられ、後者は前者の数学的表現として、あるいはモデルとして使われるようになるのである。

従ってニュートン力学において、暗に仮定された「物理空間は時空の四次元ユークリッド空間である」という前提と「物体は外力を加えない限り等速直線運動を続ける」といういわゆる第一法則とは、実は切り離して考えることはできないのであって、「物体の運動する軌跡を直線と定義すると、物理空間は四次元ユークリッド空間になる」というのがその経験的な意味にほかならない。なぜならば、さきの二つの命題は、それぞれ別個には検証の仕方がないのであって、もしそれを別個に行なおうとすれば、物理空間における直線というものを定義する第三のものを持ち込まねばならないが、基本法則以外の法則をアプリオリには認めないとすれば、このような第三のものを見出す余地はないからである。

6　最近の発展

数学における公理主義の成立によって、数学がある意味で物理学から、従ってすべての経験科学から独立したことは、原理的には数学の各分野への応用の可能性を高めるものであった。

現実には、一九世紀末から二〇世紀初頭にかけての公理主義の成立は、数学内部における一種の数学至上主義 mathematics for mathematics' sake の傾向を生み出し、現実への応用から全く離れた抽象理論の体系が数学として最も高級なものであるとする風潮を数学者の間に作り出した。このような傾向はその当時数学において指導的な地位を占めていたドイツの学界から始まって、他の国々、とくにわが国には強い影響を及ぼした。

しかし二〇世紀も半ばになって、産業上・軍事上の高度の技術的要求から、数学の応用が必要とされ、また量子力学を中心とする新しい物理学があらためて高度の数学を必要とするようになって、全く応用を考えない抽象理論体系からなる純粋数学と、解析計算技術の集積にすぎない、いわゆる〝応用数学〟との二分という旧い形式は崩れ去った。その結果として、第一に数学の体系が豊富になるにつれて、いろいろな分野の応用にそれぞれ適した数学の分野が現われるようになった。第二に数学が経験的事実とは別個の構造をもつものであり、それのモデルとしてのみ経験的事実と結びつくものであることが明白に認識されたことは、特定の経験的分野に対してモデルを設定する範囲と自由とを拡げた。モデルということばは、それが現実に似たものであるが、現実をそのまま反映したものではないこと、現実を抽象してその中から本質的と見なし得る関係だけをとり出したものであることを示唆している。従って同じ事実に対しても、モデルは唯一つに決まるものでもない。いろいろな方向への抽象が可能であれば、いろいろなモデルが作られるであろう。さらにモデルということばは、現実との間のギャップの存在をも暗示している。すなわちそれは単に現実を近似したものにすぎないかもしれない。従ってモデルの世界での結論は現実に完全には妥当しないかもしれない。しかしそれはやはり近似的には正しい結論を与えるであろう。このような近似的な結論は、純粋に科学的な研究よりも、より実際的な、技術的な研究において大きな価値をもっている。

現に二〇世紀、とくに最近になって、数量的方法ないし数学的方法はきわめて多くの分野に急速に広まりつつある。それにはすでにのべたところからも想像されるようないくつかの理由がある。第一に、経験科学の知識の蓄積が対象を量的に把握することを可能にするのに十分なだけ進んだ分野が多くなったこと、第二に、数学の種々の分野が発展して豊富な手法が提供されるようになったこと、とくに確率統計的な方法は、いくつかの量の間の関係がつねに確定的でない場合にも、もしそこに大量の現象の中の規則性が想定できるならば、数学的方法を適用することを可能にしたことを指摘しておこう。第三に計算機械の発達が多数の数量的データを高度の手法で処理することを可能にし、いろいろな問題を具体的に解くことができるようになった。それによってこれまで原理的には数学的に解き得るものとわかっていても、現実に計算を行なうことが不可能であったために放棄されていた問題が解かれるようになり、一つの問題の解決はまた次の問題を生んで、数学的手法の適用範囲が急速に拡がりつつある。

そうしてその中のあるものは、理論的にもきわめて高度の発展をとげた。例えば確率論は、その成立は古く一七世紀にさかのぼることができるが、それが数学の一分野としての重要性を広く認められるようになったのは一九三〇年代以降であり、その後、最近にいたる発展はきわめてめざましいものがある。それは一九三〇年代にコルモゴロフらの努力によって厳密な数学的基礎が確立されたこと、量子力学の発展が確率概念を科学方法論・認識論上、不可欠のものとしたこと、第二次大戦を契機として、その軍事上・産業上の応用分野が急速にひらけたこと等が相まって、生み出されたものである。また、無限を扱う解析学に対して、有限の構造を対象とするいわゆる組合わせ数学 combinatorial mathematics は、従来長く数学遊戯の一部と見なされて、数学の体系の中には一人前の地位を認められていなかったが、近年、技術的応用分野の大きな拡張につれて理論的にも急速に発展しつつある。

またさらに重要なこととして、最近における科学と技術の直結があげられる。それは単に科学的研究の成果が直ちに技術的に応用されるようになったこと、あるいは技術的要求が科学的研究に対する問題を提起するようになったというだけではない。科学も技術も、ともに実験室の中の孤独な天才の直観と勤勉の成果としてではなく、優れてはいるが互いにこれといって際立ってはいない多くの人々の組織的研究の結果として生み出されるようになったということである。このような研究組織の内部では、科学的研究の成果は、直ちに了解されるような形に表現されねばならないし、またそれは相互に比較可能なものとして評価されねばならない。このことは数量的方法によってのみ容易になしとげられる。この意味で数学は〝科学の言葉〟としての重要性をますます増しつつある。

現在、科学の数量化、数学化への勢いはきわめて強いように思われる。それがどのようなところまで達するかは今、予言することはできない。勿論その中には若干の危険もふくまれていないとはいえないであろう。

とくに、それが上にのべたような研究の大規模な組織化と結びつくとき、非数量的論理にもとづく大胆な理論的飛躍が行なわれることを妨げるという危険もある。しかし、一般的にいえば、自然科学全体における数量的方法、数学的方法の本格的応用は、まだ始まったばかりであるといってもよい。とくに大規模な計算機械の及ぼす影響については、まだそれが結局何を生み出すか、全く見当もつかない状況であるといってもよいと思う。従って二〇世紀における自然科学の数量化の進展の科学史的な評価は、全く将来にまつよりしかたないであろう。

7　社会科学における数量的方法

ここで問題を社会科学にもどして考えよう。社会科学の中に数量的方法を導入しようとする努力も決して歴史的には新しいものではない。すでに引用したペティの『政治算術』が書かれたのはニュートンの『プリンキピア』が書かれたのとほとんど同じ時期であった。

その後、社会現象の数量的認識は、一八―一九世紀を通じて次第に発展した。出生死亡等の人口現象の中に規則性があることをはじめて論証したのは、ペティと同時代のグラントであるが、その後、同様の研究は一九世紀半ばのズュースミルヒの研究をへて、一九世紀前半のケトレーにいたって統計学という一つの学問分野を生み出すこととなった。そこで、一見偶然的に見える社会現象が、多数の事例の中ではきわめてはっきりした規則性を示すことが見出され、このことが〃大数法則〃という形で定式化された。それによってニュートン力学に匹敵するような精密科学が作られるのではないかと期待されたのである。

しかしこのような期待は一般的には満たされるわけにはいかなかった。〝大数法則〟については（後にのべるように）概念的にも混乱があり，それによって確立されたと思われた法則は，人間の自然的特性を表現して，〝自然法則〟のようなものではなく，一定の歴史的社会のそれぞれの段階の状況を反映したものにすぎないものが多かった。社会科学にとって重要なことは，特定の人口指標，例えば出生率がいかなる値をとるかということ自体ではなく，それが社会の歴史的発展に応じてどのように変化するか（例えば産業革命の進展は一般に出生率を引き下げた），それはいかなる理由によるものであるか，ということであろう。そのことは，数学的な関係式によって表現されるようなかたちで〝法則〟化することは困難なことであった。従って，一九世紀前半の〝統計熱狂時代〟はやがて過ぎ去って，統計的方法に対する過大な期待は，当然のことながら幻滅に変わった。

社会科学における数量的方法の利用の第二の形は，第一章でのべた〝方法的数量化〟によるものである。すなわち必ずしも実際の計測値と結びつかない数字を用いて，論理を明確化することである。経済学は最初から，数量化された概念，価格，利潤，地代等を扱っていたため，仮説的な数量によって論理的に議論を進めることにおいて，最も早く進歩した。それはペティによってもすでに自覚的に行なわれているが，その方法はアダム・スミス，リカードの古典派経済学に全面的にとり入れられた。その議論が数字を用いていない場合でも，その論理を仮説的な数字を用いて表現することはきわめて容易であるという点で，その論理は〝数量的〟であったといいえる。

一八七〇年代からの経済学におけるいわゆる〝限界革命〟は，解析という数学の手法を経済学に持ちこむことによって、経済学の〝数学化〟を一歩進めた。しかしそれがはたして、その創始者の意図したような、経済学の精密科学化を意味したかどうかには問題がある。勿論それによって論理の精密化が行なわれたことは確かである。しかしそれは決して、現実に観測される現象の間の関係を、数量の間の関係式として明確な形で表現するというかたちに定式化されたものではなかったし、またそのような可能性も持たなかった。ある場合には〝効用〟のように想定された量自体の観測可能性が問題であって、例えば限界効用低落の〝法則〟のように、直観的には一応納得のいくように思えるものであっても、どのようにしてそれを客観的に検証するかわからないものが、法則の名で呼ばれていた。また他の場合にはいくつかの量の間に関係があることは事実としても、その関係をはっきりした形で求めるには、その関係自体が再現性も、安定性ももたない場合もあった。従って理論はやはり依然として仮説的な理論にとどまったのである。

二〇世紀になって、具体的な統計数字と、経済理論における仮説的な量とを結びつけて、経験的に実証可能なような命題ないし〝法則〟を経験的データの観測を通じて導き出そうとする試みが、いわゆる計量経済学というかたちで始められた。それは経済学におけるいわゆる〝ケインズ革命〟によるマクロ経済学の成立とともに、著しく発展した。それは予測や政策決定のために実用上有益な結論を与えることができるようになった。それは確かに、統計的な数量認識と、経済学におけるいわば仮説的な数量による演繹とを結びつけて、経済学を一つの経験的な数量科学にしようとする試みとして、ある程度の成功をおさめたといわねばならない。しかしそれは決して計量経済学が、量的に記述された法則にもとづき、論理的に演繹された数学的理論の体系からなる精密科学となったことを意味するものではない。自然科学に類似を求めるならば、それは力学のようなものよりも、むしろ経験的な法則性と、具体的な目的との結びつきとを強調する、工学の若干の部門にくらべられるべきであろう。

経済学が数量化の点で、物理学のような段階に達することはなかったにしても、それは数量的方法の利用という点で社会科学の中では確かに他の諸分野より先行していた。これに対し他の分野でも、二〇世紀にはいると、数量的方法がだんだんに取り入れられるようになった。心理学、社会学には数量的方法がとり入れられることが比較的早かったが、最近では政治学、法学、歴史学等、ほとんどすべての分野にその影響が及びつつある。これらの分野では数量化の方法の適用は始まったばかりであるから、その功罪についての判定を下すことはまだ早いといわねばならないが、経済学をふくめて、社会科学における数量的方法の適用について二つの問題を指摘しておきたい。一つは数量化の方法が、どの程度その学問分野のいわば内発的要求にもとづいているかということである。すなわち対象自体のうちに、数量化への方向をもたらす必然性がどれだけあるか、また学問の論理のうちに数量的方法の採用をうながすものがどれだけあるかということである。数量的方法の採用は必ずしもその分野の発展にとって必然的なものであったとは限らない。一九世紀におけるケトレーの経済学、あるいは経済学のいわゆる限界革命が、科学のモデルとしてのニュートン力学のあり方に大きく影響されて生じたものであることは疑いないし、また二〇世紀になって計量経済学や計量社会学、計量心理学で確率現象をふくむモデルが広く採用されるにいたったことは、量子力学の成立による〝決定論から非決定論へ〟の物理学の変革に間接的にせよ影響されたところも少なくない。また経済学の数学的議論が他の社会科学に対して一つのモデルとなったこともあった。このようなことは、どの程度までどの分野の内的必然性と結びついたであろうか。

第二に、このようないわば〝後進〟分野における〝先進分野からの技術導入〟による革新は、そのこと自体つねに否定されるべきものではないことを強調しなければならない。学問上の革命は、しばしば本来その分野の専門家として訓練された人々よりも、他の分野から転じた人々によってなしとげられた。新しい観点を導入することは、確かに行きづまりを打開するために有益である。しかし他面、このことには危険をともなうのであって、数学的論理の導入が、単に難解な数学的技術の誇示に終わってしまうならば、現象の理解を進める上ではかえって有害となるであろう。

このような点に関して、社会科学の広範な分野にわたって的確な判断を下すことは不可能に近い。しかし第一章にのべたような社会自体における数量化が行なわれていない分野における〝方法的数量化〟については、一般に上にのべたような危険が大きいことは確かである。

8　数量的方法の社会的・歴史的根拠

ところで数量的方法が、自然および社会の認識に全面的にとり入れられるようになったのが、近世初期、より具体的にいえば一七世紀イギリスのブルジョア革命の時代であったということは、勿論偶然のことではない。

ボルケナウは科学における数学の歴史を扱った本の中で、数学の物理学への応用がきわめて最近の歴史に属することに注意し、一方では幾何学の体系が論理的にきわめて精密な形に作り上げられ、他方ではそれ自体かなり深い自然科学的な知識が蓄積されていた古代ギリシャにおいて、ついに数学的物理学が発達しなかったことを不思議なこととしている。実際、数学的な道具としてはニュートンが『プリンキピア』で描いてみせたように、ギリシャ的な幾何学でニュートン物理学の体系の基本点を構成することは十分可能であったはずである。勿論それがギリシャの人々によってなしとげられなかったことの理由は、表面的には明らかであって、ギリシャの数学が長さとか比とかいう抽象度の比較的低い概念にこだわって、純粋な数量というものを抽象的に把握し得なかったことが、空間というものの量的な把握を不可能にしたのであった。その背後には結局、質の対立を基礎とするアリストテレス的な世界観があって、例えば空間を位置についても方向についても完全に等質的なものと考えることを妨げたのであった。そうしてこのような世界観はまた奴隷制にもとづく古代社会の基本的な構造の反映にほかならないといえよう。実際、古代の奴隷制、あるいは中世の農奴制社会においては無差別な質の量的な差異を基礎とする世界観よりも、質の対立を基本とする世界観がふさわしいものであったのは当然である。そこで古代あるいは中世においては、数量概念の発達は、あるいは数量の学としての数学の発達は、その時代の支配的な思想と結びついた学問の世界でよりも、むしろ商業の発達と結びついていることが多い。それは商業においては計算の術が必要とされたというような、単なる技術的要求のみによるものではなく、商業の世界において、はじめて質の異なる商品が、交換関係を通して量の差に還元されることによって、質の差異の背後にある量というものが成立したからである。中世において作り出された最高の数学がアラビア商業と結びついた代数学であったことは当然であった。勿論奴隷主、あるいは封建領主も、土木工事において、あるいは領地の経営管理において幾何的・算術的技術を必要とした。そうしてそのことが数学の一定の発達をうながしたことは事実である。しかしそれが量的な世界観を生み出すにはいたらなかったのは、社会の構造が基本的に差別にもとづく階層によって構成されていたからであった。むしろ逆にピタゴラス派の場合や、あるいは東洋の陰陽五行説のように、異なる数が質的に異なるものとして理解されることさえあった。従って、商品関係がはじめて生産関係を全面的に把握する資本主義社会になって、はじめて数量を本質的な範疇と考える数量的世界観が成立したのは、きわめて自然なことであった。

中世的な質の対立にもとづく世界観から近世的な量的な世界観への変化を研究したボルケナウはその大著において、これを自然法の概念の変化というかたちで多くの著者についてくわしく分析して、数量的世界観の成立が、進化資本主義社会の成立と密接な内的関連をもつことを強調した。

ボルケナウはいう、「物理学の発展によって、近代自然科学の基礎的な諸カテゴリーが疑われだし（というのは一九二〇年以降、量子力学の発展により、ニュートン力学にもとづく決定論が疑われるようになったことをさすと考えてよいだろう）、これらの諸カテゴリーの歴史的一般性が明らかにされて以来、一七世紀につくり出された精密自然科学にもとづく世界像は、もはや客観的に実在する外界……の自然的な模写であるとは考えられない。その世界像はむしろ、ある歴史的・社会的諸条件から、すなわち一七世紀から今日まで、資本主義的生産様式の支配によって規定された歴史的時期において、人間をしてまさにこれらのカテゴリーを世界における自己の行動の指針としてつくりあげさせたところの、そうした歴史的・社会的諸条件からこそ説明されねばならない。」

ボルケナウは「一七世紀の自然科学は数学的に表わされた力学である」という。そうして端的な結論として、「自然の全事象を力学的な過程から説明しようとする努力は、あらゆる自然事象をマニュファクチュアーにおける経過からの類推で把握しようとする努力である」「力学、すなわちマニュファクチュアー時代の科学は、マニュファクチュアー的生産過程の科学的改作である」という。マニュファクチュアーの技術は、あらゆる労働の質の相違を抽象し、労働を一般的・人間的な量的に規定された労働へと還元することに基礎をおいている、そこに質の差を捨象し量の相違にのみもとづいた力学的世界観を作りだす根拠があるという。

私はボルケナウの問題提起はきわめて適切だと思うが、彼の与えている解答には、歴史的にも論理的にも納得できない。歴史的にいってもボルケナウのようにマニュファクチュアー時代の〝力学〟を、その直前のルネッサンス期における質の豊かさに対比させて、質への無関心として理解することには問題があるように思われるし、それによって数量的社会観の成立を一七世紀前半に限定してしまったことは、歴史上の事実の解釈としても疑問があると思われる。また論理的にいっても、世界観は、生産過程における技術的な関係よりも生産関係にもとづく社会関係のほうにより直接的な関係をもつと考えねばならないであろう。中世的な質の対立にもとづく世界観は、中世の農業、あるいはギルド的手工業の技術的性格によるというよりも、中世の階層的な身分社会のあり方にもとづいているといわねばならない。

論理的にいっても、単純な人間労働、抽象的・一般的労働が成立して、はじめてそれによって生産された商品が共通の価値をもったものとして交換されるにいたるのではない。商品関係そのものが、まず量的にのみ異なる価値という範疇を作りだし、そうして商品関係が生産をも把握する。すなわち生産が商品生産として行なわれるようになって、はじめてそこに注ぎこまれる労働は、価値を生産する労働として、量的にのみ異なる一般的人間労働として現われるにいたるのである。すなわち商品関係が先であって、単純労働の成立は、いわばその結果であるといわねばならない。

数量的世界観の成立の歴史的根拠は、そのような商業関係が、社会の再生産過程をも把握するにいたったことにあるといわねばならない。実はそれによって単に量と量の関係が、社会関係を規制するようになったというだけではない。商品の間の量的な関係も、商品が商品として生産されるようになって、はじめて安定的なものになったのである。商業が社会の再生産過程のいわば外縁にある限り、商品関係はいわば偶然的なものとしてとどまり、商品の価格関係も近代以前の商業の性格を反映して、必然的な量的関係をもたないものにとどまった。商品生産が全般的に普及するにつれて、はじめて商品の価値、価格関係が、量的にも一定の安定性を示し、それによってはじめて物と物の関係が本来量の関係であるとする世界観が成立し得る根拠が与えられることになる。すでにのべたように近世初期において数量の認識が一層深められるようになったことは、商品関係が社会の再生産過程をとらえるにいたったことと同じ時期であったことは当然である。

しかし商品関係が社会の生産関係を全面的に把握するにいたるのは、資本主義的生産関係が確立するまでまたねばならないが、一七世紀のヨーロッパ社会はその関係が完成したというにはほど遠い状況であったといわねばならない。資本主義的生産関係が確立し、人と人との関係が、ますます商品生産者対商品生産者の関係、物と物との関係、それも量的にのみ異なる物と物との関係として現われるようになって、数量的世界観も深められ、すべての自然法則を量と量の間の形式的関係として理解しようという考え方が次第に強くなったのは当然であったといえよう。

数量的方法の発展は、資本主義の発展が、より深く社会全体を捉えるようになったことと平行的に行なわれているということができる。そうして社会主義社会においても、価値関係が引き続いて経済関係の基礎にあり、すべてを量的に評価することが、計画経済の基盤をなしている限り、数量的方法が社会あるいは自然認識の基礎として重要な位置を占めつづけることは当然である。

しかしそれでは数量的方法は、人類の歴史の発展の一段階としての資本主義、あるいは過渡的社会主義とともに、やがては過ぎ去るべきものであろうか。それともそれは人間の認識のパターンに固有のものとして、直線的に発展をつづけて行くべきものであろうか。このような点について軽々しく結論を出すことはさしひかえねばならないが、数量の論理がいわば絶対的なものでないということだけは確かである。

9　量の信仰

ところで社会認識における数量化の発展は、逆に量的な認識のみが、「真の」「客観的な」認識であって、その他の認識は全く主観的なものにすぎないという、「量の信仰」を生み出すにいたった。すべては量の差に還元されるべきであって、質の差を云々するのは観念論であるか、そうでなければ対象の分析がまだ不十分なために量的な尺度を見出すまでにいたっていないためであると思われている。このことは、商品関係に基礎をおく資本主義社会は、またすべてを商品関係の中にとり込まずにはおかず、そこにおいては〝名誉さえも商品化される〟ことの、一つの反映と見なすことができる。〝名誉〟も商品化され、価格がつけられるものであるとすれば、〝名誉〟と〝金〟の差も単に量の問題にすぎないということになるであろう。

ところで商品社会における法則は、個々の商品生産者にとっては、動かすことのできない市場における外的な法則として現われる。その法則は、個々の生産者にとっては、その存在は痛烈に思い知らされるものであっても、それ自体を理解することができないようなものとして現われざるを得ない。従ってその法則は個々の生産者にとっては全く形式的なものにとどまる。これが資本制生産の無政府性といわれるものの一つの側面である。従って資本主義社会においては、すべての法則はつねに量的な形式的なものにとどまらざるを得ないと思われるのは自然であり、さらには法則性のそれ以上の〝説明〟は、なにか無用の観念論を持ち込むものであると思われるにいたっている。量の論理は、個別性に対する無関心を現わしている。資本は、個人としての労働者、個々の商品には関心をもたない。従って量の論理が支配する資本主義社会では、個人の立場は、単なる主観の問題として、全く社会的な通用性をもたないものとされる。一人一人の人間存在としての独自性は、受け入れられない。すべての人間は〝一人〟として全く無差別に扱われるか、せいぜいのところ、所得、知能指数等において量的にのみ異なるものとして把握されるにとどまる。

社会の量的認識は、そういう意味で、すべての人間を形式的に平等に扱う民主主義の思想と密接に結びついているといい得るし、また歴史的にもその間の関連は明らかである。しかし同時にそれは、人間の内的な個性を認めないという意味で、やはり一種の〝疎外〟をもたらすものといわねばならない。いわゆる大衆社会における人間疎外といわれるものは、〝量の信仰〟と密接に結びついている。

ところで資本主義社会の一つの特質は、マックス・ウェーバーのいうように〝合理化〟という点にある。すべての資本主義企業は競争関係を通して、生産およびすべての企業活動を最も能率的にすることを強制される。〝合理化〟は、資本主義企業にとって至上命令となるが、目的と手段との効率的な結びつきをはかるという意味でのいわゆる〝目的合理主義〟は資本主義社会のあらゆる分野を支配する。数量的方法がこのような〝合理化〟にとって、不可欠の手段となっていることはいうまでもないが、また合理化への努力が数量的方法の発展を促進していることも事実である。ことに最近になって、国家や大規模な企業の合理化への意識的な努力がなされるようになって、社会認識の数量的方法が実用的にも必要とされるようになっている。

いろいろな意味で〝量の信仰〟は最近になって、ますます強くなりつつあるが、他方では量の論理の限界もまたようやく明らかとなりつつあるように思われる。この点については後にまたやや別の角度から論ずる（第8章参照）。

第3章　経済学における数量的方法の意義と限界

1　はじめに

経済学の理論、あるいはその応用としての政策の議論において、数量的ないし数学的な方法が用いられることは最近ますます多くなっている。

私がここで論じたいと思うのは、これが経済学にとって何を意味するか、それによって経済学は何を得、また何を失ったであろうかということである。そのためには経済学における数量ないし数学の使い方について、いろいろな形を分類して、それぞれの意味をくわしく見なければならない。

2　数量的分析の先駆者ペティ

経済学における数量的・数学的分析の利用ということは実はごく最近に始まったものではない。ある意味では経済学・統計学双方の創始者ともいうべきウィリアム・ペティは、すでに何回も言及した『政治算術』の序文で次のようにいっている。

「私が……採用する方法は、現在のところあまりありふれたものではない。私は比較級や最上級のことばのみを用いたり思弁的な議論をする代わりに……自分のいわんとするところを数number，重量weight，または尺度measureを用いて表現し，感覚にうったえる議論のみを用い，自然のなかに実見しうる基礎をもつような諸原因のみを考察するという手つづきをとった……」

さらに「ところで，私が以下の議論の土台にしている，数・重量・尺度によって表現された諸観察および諸命題は，いずれも真実であり，そうでなくても明白なまちがいではない。また，もしこれらがもともと真実でも，確実でも，明瞭でもないにしたところで，王権をもってすればそういうものになしうるであろう。なぜなら〝確かならしめうるものは確かなり〟 Nam id certum est quod certum reddi potest であるから。……もし将来，この一〇個の結論が緊要なりと判断され，一層十分に討議するねうちがあるということになるならば，私は独創的にして私心なき人士のすべてが，これらの推論の基礎をなす諸命題のうちどれかに発見されるであろう諸々の誤謬，欠陥および不備を是正されることを希望する」。

ここでは，合理的な推論を行なうための量的認識の重要性，さらにそれを現実に検証することによって真実な命題に達することの可能性と必要性が明確に把握されているといってよい。実際，第一章「小国で人民が少なくても，その位置・産業および政策によっては，富および力においてははるか多数の人民，またははるか広大な領域に匹敵しうること……」から始まる一〇個の章は，すべて数字を用いた具体的な議論によるイングランドの国力の測定，およびそれが他国に劣っていないことの立証にささげられており，それらは彼自身がいうように，たとえ誤っていたとしても，正しい数字的データを用いたり、あるいは論理の誤りを正すことによって、訂正可能なものなのである。

前提から結論への推論の論理的展開が明確であること、命題が客観的観察によって検証可能な事実によって裏付けられていること、そしてその目的のために数量的方法が意識的に導入されていること、これらの点において、ペティは完全に近代的な科学的方法を採用しているといってよいであろう。いや実はこれからのべるように、ペティの方法ははるかに後の二〇世紀も中頃になって、はじめて全面的に経済学にとり入れられるようになったとさえいうことができる。その意味では彼は〝現代的〟でさえある。

実際ペティがこの文章を書いたのがニュートンの『プリンキピア』(初版一六八六年)より前であったことに注目しなければならない。すなわち出発点においては、経済学も物理学も数学化という点でそれほどへだたっていたわけではなかった。しかしその後の歴史は、数学的精密化という点では大きな差が両者の間にあることを示した。それはいったいどうしてであろうか。

3　算術的方法と数量的分析

ひとくちに経済学(あるいは他のいかなる科学についても)における数量的方法の利用といっても、それにはいろいろな段階がある。もっとも簡単なのは、仮定的な数字を用いて、議論の展開をたすけ、命題の意味を明らかにするということである。これを算術的方法といってもよいであろう。経済学の歴史の上ではこのような算術的方法を用いた例は多い。ペティ自身も上記の『政治算術』

その他のいくつもの書物でこれらをしばしば用いているが、ケネーの『経済表』、リカードの『経済学および課税の原理』などではそれが中心的な方法となっているといってよい。あるいはマルクスの再生産表式も、その著しい例であるといえよう。

このような方法の一例をあげれば、例えばA、B二つの畑について、ともに1エーカーにつき同じ量の資本と労働を投下したとき、Aから50ブッシェル、Bから40ブッシェルの小麦が得られたとする。もしBが耕作されている最劣等地であるとすれば、競争の結果、Aには10ブッシェル分の地代が生ずるであろう。これが（差額）地代というものが生ずる理由である。

このようなかたちの議論においては、具体的な数字には意味がない。従って上記のような議論は、ある場所において実際にこれこれの額の地代が得られるであろうということを主張しているわけではない。ただ一定の条件の下で（差額）地代が生ずる、その構造を数字を用いることによって明確にしようとしているのである。

これに対して、もし国中の畑の地力の差を実際に測定し、また耕作に要する資本の大きさも確定し、また収穫物の価格も知られるならば、それから実際にあるべき地代の総額を計算することができるであろう。そうしてさらに、もし現実に支払われている地代の総額を知ることができるならば、〝あるべき〟額と現実の額とを比較参照することによって、このような論理を検証することができるであろう。

もしそれが著しく互いに違っているならば、このような論理にどこか欠陥があるか、あるいはこのような論理を成り立たせる前提条件が現実にあてはまらない――例えば土地をめぐる競争がここで仮定されたようなものではないということが、明らかになるであろう。もし〃あるべき〃値と現実の値とがだいたい一致しているならば、このような論理はいちおう正しいものとして、そこから一歩進んで、条件のいろいろな変化、例えば小麦に対する需要の増加が地代にどのような影響を及ぼすかを、推定できることになる。すなわち算術的方法は現実の数字の計測に結びつくことによって、経験的に検証可能な命題を生み出す。この段階を数量的分析と呼んでもよいであろう。

ペティが目ざしたのは、上記の引用からもわかるように、このような数量的分析であった。しかしその後の経済学の歴史は、この方向には進まなかった。ある意味でペティにおいては統合されていた経済学と統計学は、その後二百年以上の間、分離した発展の道をたどり、経済学においては、算術的方法が広く用いられたにもかかわらず、それを現実の数字と結びつけるという努力はほとんどなされなかった。

一方、統計学は、ペティと同時代のグラントの『ロンドン死亡表の観察』から始まって、統計的数字自体の規則性の発見に没頭し、その数字を経済学的分析を具体化するために役立たせようという方向への努力は、あまり行なわれなかったといってよい。もちろん歴史的にいろいろの散発的な例をとり出すことはできるにしても、数量的分析という方向への全面的な展開は、二〇世紀になって後、さらに一九三〇年以降、計量経済学の発展によって初めてなしとげられたといってよい。そのことがどうして起こったかについてはより立ち入った学史的研究が必要であるが、ここでは、それにはこれ以上ふれないでおく。

しかしここでのべたことは、決して算術的方法の有効性を否定しようとするものではない。それどころかそれがいろいろ有益な命題、明確に量的な結論を導くためでなくとも、質的な命題、あるいは一定の傾向の存在を推論するのに有効であった例は数多い。その著しい例としては、例えばリカードの貿易に関する比較生産費説——すなわち「国際貿易に際して各国は相対的に（絶対的にではなく）生産費の低い商品を輸出し、相対的に生産費の高い商品を輸入する」という命題をあげることができるであろう。

4　代数的方法と幾何的方法

算術的方法は、仮説的な数値を代表記号でおきかえることによって、より一般的なかたちでの議論に発展させることができる。それによって、たまたま仮定した数値が特別な値であったために生ずる特殊の場合にのみあてはまる結論を、一般的なものと錯覚する誤りから逃れることができる。これを代数的方法と呼ぶことにしよう。（この言葉は必ずしも適切ではない。というのは、そこでは数学的方法としては微分法を中心とする解析の方法が用いられることが多いからである。しかし数学の用語をはなれて言葉の本来の意味からは、それはやはり解析的というよりも代数的というほうが適当であろう。）

このような方法の適切な例としては、一九世紀の後半から発達したいわゆる限界理論がある。例えば、ある企業にとってある商品 x 量を生産するのに要する生産費を $c(x)$、この商品の市場での価格を p とし、完全競争を仮定すると（すなわち価格 p はこの企業の行動によって影響されないとする）、利益は

$$\pi(x)=px-c(x)$$

となる。従って $\pi(x)$ を最大にするように生産 x を定めるとすれば π を x で微分し

$$\frac{d\pi}{dx}=p-c'(x)=0$$

とおいて $p=c'(x)$ となるように x を定めればよいことになる。すなわち最適な生産水準は

限界生産費＝価格

となるところで定められることになる。これがいわゆる限界理論の数多くの命題のうちの一つの典型的な例である。

同じレベルの理論としては、代数、あるいは解析的計算によらずに、グラフと図形を用いることがある。これを幾何的方法といってもよいであろう。マーシャルによって愛用された1財の需要・

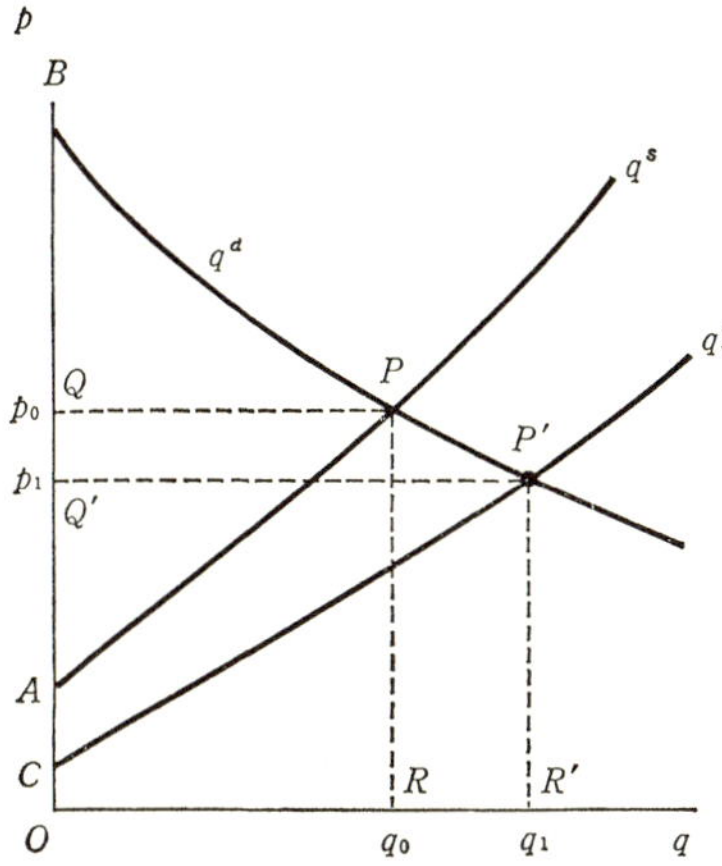

図 1

ろう。

供給関係のグラフによる分析、あるいはパレートの無差別曲線の理論などが、その典型的な例であ

例えば、ある財の価格 p と需要量 q^d、および供給量 q^s が、図のようなグラフで表わされるとしよう(図1)。

そうすると、市場のメカニズムを通じて価格は二つの曲線の交点 P のタテ座標 p_0 に定まり、そのとき q_0 だけの量が生産・購入されることになる。

ところで、さきにのべたように任意の p に対応する q^s の値は、ちょうど q^s だけを生産するときの限界生産費になっているはずであるから、曲線 q^s は、また生産量=供給量に対応する限界生産費を表わしている。従って q_0 だけの量が供給されるときの総生産費は、限界生産費を積分した値、すなわち $ORPA$ で囲まれる部分の面積に等しくなる。一方、生産者の得る総価格は p_0q_0 すなわち長方形 $ORPQ$ の面積に等しいから、結局、生産者は全体としてこの二つの差、すなわち APQ の面積に等しいだけの利益を得ることができる。これを生産者余剰と呼ぶ。

こんどは需要者=消費者の側から考えると、需要曲線 q^d はまた財の限界効用を価格で表わしたものと考えられることが証明できる。従って、q_0 だけの財を得ることによって得られる総効用は $ORPB$ の面積に等しくなり、一方、支払った金額はやはり p_0q_0 だから、結局その差 PQB の面積分だけ利益を得ることになる。これが消費者余剰といわれるものである。

いまここで、なにかの理由(新しい技術の導入、原料費の低下等々)により供給曲線が q^s から

$q^{s\prime}$ へ移動したとしよう。そうすると新しい均衡点は P' となり、価格は p_0 から p_1 に低下し、供給される量は q_0 から q_1 に増加する。そうすると今度は生産者余剰は $CP'Q'$ の面積に等しくなり、消費者余剰は $P'Q'B$ の面積に等しくなる。ここで後者は前とくらべて確実に $PQO'P'$ の面積の分だけ増加する。前者は多分増加するであろうが、どれだけ増加するかは明らかでない。場合によって減少することもありうる。両者を合計した量は $CP'B'$ と APB の差 $CP'PA$ の面積に等しい分だけ増加する。すなわちこのような議論によって得られる一つの結論として、技術進歩の結果、社会全体の余剰は増加し、消費者は価格低下によって確実に利益を受ける。生産者の利益はそれほど明らかでないということになる。このような方法の結果としては、明らかに論理的展開の筋道を明確にするという効果が得られるといってよい。

5　代数的方法の限界

しかし、ここで次のことに注意しなければならない。第一に、このような論理において本質的な点は問題の定式化にあり、数式あるいは図形の利用は、理解を助けるためには重要であっても、結論を導くために実質的な役割は果たしていないことである。第二に、このような議論は多くの場合、きわめてきびしい単純化の過程にもとづいており、従ってそこで得られた結論は直接には現実にあてはめられないことである。第三にそこで扱われている数量は、必ずしも現実に観測される量ではないということである。というのは、簡単化されモデル化された世界における数量と、現実に複雑な世界で観測される量とは厳密に対応するものではないからであり、また場合によっては本来観測することの困難なものであるかもしれないからである。

従ってこのようなかたちの議論を現実にあてはめるについては、いろいろな注意が必要である。例えば上記の例において生産者余剰、すなわち生産者の利益が APQ の面積に等しくなるというのは、限界生産費＝価格という条件が成り立つような状況の下であり、それにはさらにいくつかの前提が必要である。しかしとにかく生産者余剰は金額にほかならないからまだ問題は少ないが、消費者余剰については、価格＝限界効用とし、さらにそのような限界効用を加えたものが総効用に等しいと考えることなど（需要者がじつは数多くの消費者からなっていることを考えれば）多くの問題がある。従って、ある意味で異質な二つの量を加えた APB の部分が社会の総余剰を表わすというようないい方は、きわめて抽象的な議論のレベルにおいてのみ意味をもつことである。

従って上記のような議論は、例えば、生産技術の進歩により生産費が低下すると〝価格が低下して消費者は確実に利益を得るが、競争下にある生産者の利益がどれだけ増加するかは明らかでない〟というように、直観的にも妥当と思われる命題の内容を明確にする効果はあるにしても、それ以上の見かけの精密さを信じることは危険である。

とくにこのような議論は、しばしば特定の政策の効果を論ずるときに用いられるが、そこには危険な落とし穴があるように思われる。というのは、もし政策が大きな影響を及ぼすようなものであれば、それは代数的方法の前提となっている仮定自体を動かす場合が多いからである。従ってその仮定を不変としてただそこに表われる量についての影響だけを考えていると、その結論は偏ったものになりやすい。

例えば前記の場合、この財に単位当たりtだけの間接税をかけるとすると、それは供給函数をtだけ押し上げる（あるいは同じことであるが需要函数をtだけ押し下げる）効果をもつであろう。従って消費者の支払わねばならない価格はq^dとq''の交点P''のタテ座標p''に定まり、生産者の受けとる価格はそれよりtだけ低いp'になるであろう（図2）。従って、このとき生産者余剰はAPQから$AP'''Q'''$に減り、消費者余剰はPBQから$P''Q''B$に減る。

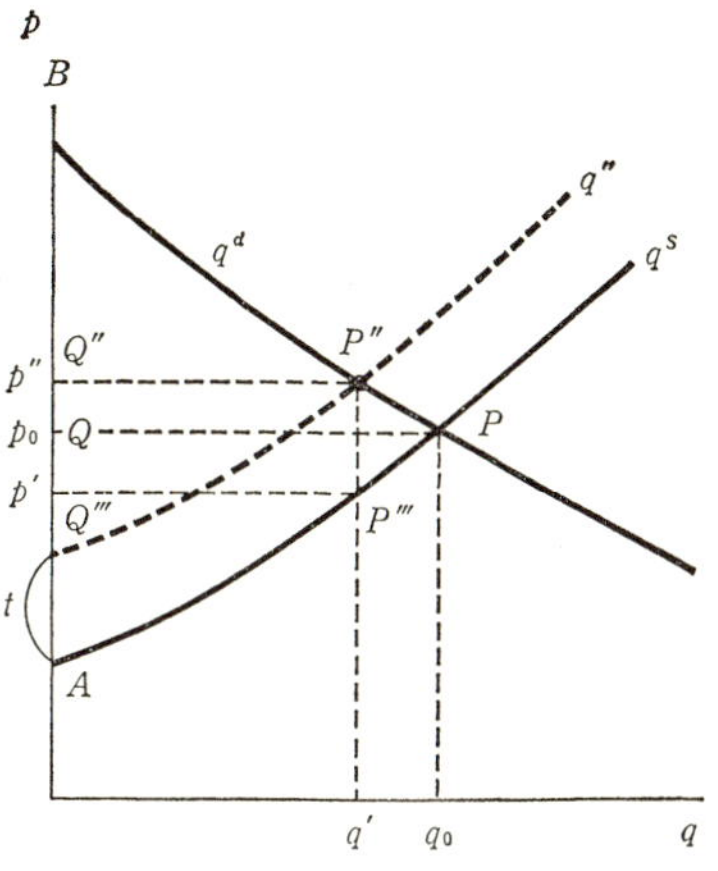

図 2

他方、政府が$P'''Q'''Q''P''$の長方形の面積分だけの税金を得ることになる。従って社会全体で考えると$PP''P'''$の分だけ総余剰が減ることになる。すなわち、間接税を課することは社会全体の観点から見てマイナスである。もし租税が必要ならば、間接税によらず直接税によったほうがよい、すなわちAPBだけの総余剰のうちから適当に（生産者と消費者の双方から）とったほうがよいということになるであろう。

以上の議論は、間接税に対して経済効率という観点からする十分な反対理由をあたえるように思われるかもしれない。しかしはたしてそうであろうか。もちろん、このような議論がほぼあてはまると思われる場合もあるであろう。しかし一般的にいえば、財の需要曲線は一定の所得分配を前提にし、供給曲線は固定的な生産要素の異なる生産部門への一定の配分を前提にしている。ところが間接税にしろ直接税にしろ、もしそれがかなり大きな額のものであれば、その所得分配への影響、あるいは生産要素の配分への影響を無視するわけにはいかない。従って上記のような議論は、間接税に反対する一般的な論拠としてはきわめて薄弱なものといわざるをえないであろう。

一般にこのようなかたちでの代数的、幾何的あるいは解析的分析は、しばしば社会全体の最適な状況は完全競争の条件の下で達成される——従ってそれを妨げるような政策は好ましくない、というかたちの議論に導くことが多い。しかしその場合、実は〝最適〟というのは、一定の所得ないし資源の分配を前提にした上であることが多い。ところがすべて経済政策というものは、多かれ少なかれ直接的・間接的に所得再分配効果をもつものである。従って、その点を除いて単純に〝経済効果〟だけ考えることは正しいとは考えられない。

もちろんこれに対しては、所得分配の問題は、〝公正〟の問題であり、価値判断の問題であって、経済理論の対象とはならない、経済分析ではそれはあたえられたものとして考えるより仕方がないし、またそうすべきであるという議論がなされるかもしれない。しかし、もしこのような議論が正しいとすれば、所得分配に影響をあたえるような政策はすべて経済学によっては分析できないということになるか、あるいは現実の所得分配がもっとも公正であるという保守主義をとるかのいずれかになってしまうであろう。

例えば〝自由貿易は国際的な資源の最適配分をもたらす。従って保護貿易ないし貿易制限は資源の浪費を意味し、従って好ましくない〟ということが主張される。この命題を上記のようなタイプの議論によって、わかりやすく〝証明〟することは困難ではない。

しかし他面、歴史的な事実として自由貿易は強者の論理にほかならないのは否定しえない事実であり、工業化の途上にある国家は保護貿易主義をとるべきであり、十分発達した工業をもつにいたってはじめて自由貿易に復帰すべきであるというフリードリッヒ・リストの論理は、実際的な妥当性をいまだ失っていないように思われる。それはどうしてであろうか。リストの時代からくり返し〝証明〟され、現在も教科書でのべられているように、自国の工業を外国の商品あるいは資本の侵入から保護して、工業化による近代化をはかろうとした後進資本主義国、あるいは現在そうしようとしている低開発国は、世界市場を乱すエゴイストであるのみならず、自国の経済利益をも損っているのであろうか。

いまかりに、例えば九州が日本の他の部分から独立して一つの国家を作り、そこでいろいろな手段により保護貿易を行なって、日本の他の部分からの商品の流入を抑制して、九州地域の産業を保護育成しようとしたならば、そのときには、そのような政策は日本全体の経済的利益に反するのみならず、九州の人々の利益をも損なう、いや実際は九州の人々が最も大きい損失を受けるであろうことは疑いない。このような場合には上にふれたような算術的あるいは代数的な議論が完全にあてはまるであろう。しかしこのことは、同じ議論が例えばアメリカとインドの間にあてはまるということを意味しない。いやむしろ、もしある議論が日本国と九州国の関係について完全によくあてはまるならば、それをアメリカとインドとの関係にあてはめることの妥当性は疑わしいと考えるほうが自然であろう。

実際、保護貿易によって自国の産業の発展を計ろうとする場合、目的は決して世界全体の総所得、あるいは総余剰を増加させることなどではない。とくに資源と所得の一定の分配を前提にしていわゆるパレート最適を達成することなどではないのである。実際の意図は何よりも国際的な所得分配を変更することであり、自国の相対的な地位を改善することである。

もちろんこの場合でもなおかつ、保護貿易は賢明な政策でない。もし自由貿易の結果もたらされる国際間の所得分配が望ましくないならば、それは国際間の所得再配分政策、例えば経済援助によって解決されるべきであるという議論が出されるかもしれない。もちろんこの議論もそれはそれとして正しいものである。もし現在かりに世界政府が存在して、それが世界各地域の経済政策に関して完全な権限をもっていたとすれば、その政府が、世界各地域間の商品の自由な流通を阻害するような政策をとるべきだと考えるのは、バカげたことであろう。しかしだからといって、自由貿易がつねに正しいという議論を、現実を無視して主張することはできないはずである。ここで世界政府が存在するかどうかというようなことは国際政治の問題であって、経済学によって論ずることのできない問題であるといっても、逃げ口上にはならないであろう。

代数的方法、あるいは幾何的方法や解析的方法は、一定の有効性をもつことは疑いない。しかし逆にそのような方法で扱いうるようなかたちでしか問題をとり上げない、あるいはそのような問題しか考えないということになれば、本末転倒である。近代経済学は、鋭い分析の手法を発展させたが、逆に方法の面から問題の見方が捉われて、一面的になり、従って多くの要素が複雑にからみ合う現象に対しては、無力になるという危険があるように思われる。

もう一つ例をあげよう。最近さかんに論議されるようになった公害問題に関連して、経済政策としてなすべきことは、外部的・社会的費用を個別企業の経済計算に反映するように内部化すること、そのためには〝公害防止のために補助金を企業にあたえても、公害に対して税金あるいは補償金を企業から徴収しても、同じことである〟といわれている。この命題は一定の枠組の中では論理的に正しい。しかしそれでは、例えばチッソは水俣病患者に対して補償金を払うかわりに、ある時点で廃水処理装置を改善（新設？）して、その後有機水銀の排出を止め、これ以上水俣病患者を発生させなくなったことに対して、その費用に対する補助金を政府、あるいは水俣市から請求してもよいということになるのであろうか。

ここで問題になっているのは、上記のような命題の論理的な正しさではない。公害が近ごろ論ぜられているのは、まさに上記のような命題を数学的に論ずる際に前提されている、企業の社会的行動の基本的なルールあるいは約束なのである。もう少しくわしくいえば、代数的・幾何的・解析的な分析において前提とされていることは、企業が社会に容認された一定の範囲で、自分の利益を最大にするように行動するということである。そうしてそのような許された範囲の中での自由競争が、結局社会全体にとって、社会が認めた〝公正〟ないし〝正義〟を満たす範囲で、経済性を最も高めるという意味で〝最適〟であると考えられるのである。

しかし公害問題の最も中心的な論点は、人々の健康を冒したり、多数の人々に長期的に不快を感じさせたりすることは、このような〝公正〟のルールからはずれているのではないか、その点でこれまでの社会的通念は見通しを誤っていたか、あるいはあまりに企業に寛容にすぎたのではないかということである。従って公害防止という目的を達成するために補助金をあたえることが、ある場合には有効であるにしても、それは公害問題について、最も本質的なところとは無関係なことであると思われる。

6 数学的方法の利用

ところで代数的方法においては、多くの場合、実質的には数学は論理を進める際に補助手段として用いられるにすぎないが、より一歩進むと、数学が命題を導くために積極的に利用され、数学を用いることによってはじめてある命題が証明されるという場合がある。この段階を数学的方法の利用ということにしよう。

その典型的な例としては、レオン・ワルラスにはじまる一般均衡理論がある。いまその簡単な例

として n 人の経済主体と、m 個の財があるものとし、i 番目の人が持っている j 番目の財を y_{ij} とする。また i 番目の人がそれぞれの財を x_{ij} だけ持つときに、すべての財から得る効用を $u_i=f_i(x_{i1}\cdots\cdots x_{im})$ とする。いま人々が財を市場で交換して自分の効用を最大にしようとするとき、もし j 財の価格が p_j ならば、i 番目の人は「売ることのできる額＝買うことのできる額」であるから、結局、条件

$$\sum_j p_j x_{ij}=\sum_j p_j y_{ij} \qquad (1)$$

の下で $f_i(x_{i1}\cdots\cdots n_{jm})$ を最大にするように x_{ij} を定めるであろう。このことから

$$\frac{\partial f_i}{\partial x_{ij}}=\lambda_i p_j \qquad (\lambda_i \text{ はラグランジュ乗数}) \qquad (2)$$

という関係が導かれる。ところですべての人が効用を最大にするように行動するとすれば、すべての i、j について上記の(1)・(2)が成り立たねばならない。ところで他方すべての財について需要＝供給、すなわち

$$\sum_i x_{ij}=\sum_i y_{ij} \qquad (3)$$

とならねばならない。そこで、もしある価格の組合わせに対して、(1)・(2)・(3)が同時に成り立つならば、そこで一般均衡が成り立っていることになる。そうすると第一の問題は、このような一般均衡が存在するかどうかということである。

この問題に対する最も簡単な接近として、まず(1)・(2)・(3)を x_{ij}, p_j および λ_i に関する連立方程式として考えて、未知数の数と方程式の数をしらべる。未知数の数は x_{ij} が mn 個、λ_i が n 個、p_j が m 個で、計 $(mn+m+n)$ 個ある。一方、方程式の数は、(1)がすべての λ について成り立つということから n 個、(2)から mn 個、(3)から m 個、計やはり $(mn+m+n)$ 個、得られるように見える。ところが(1)と(3)のいずれからも

$$\sum_i\sum_j p_j x_{ij} = \sum_i\sum_j p_j y_{ij}$$

という式が得られるから、実は独立な方程式の数はこれより1個少ないことになる。しかし他方、未知数についても、この場合決定されねばならないのは価格 p_i の比であって、その絶対的な値は不定であってもさしつかえない。従って未知数のほうも上記の数より1個少ないと考えられる。それゆえ方程式の個数に未知数の数が等しいから、一般に解は存在し、かつそれは（2個以上あるとしても）不定ではないであろう。

　このような議論はきわめて粗雑なものでしかないことは明らかである。方程式の数と未知数の数とが等しいというだけでは解の存在は証明できないし、また解が存在するとしても経済的に意味のある解（$p_j\geqq 0$, $x_{ij}\geqq 0$ 等を満たす）になるかどうかもわからない。また条件(2)も、実は効用最大の必要条件ではあるが十分条件ではない。そこで均衡の存在を厳密に証明することは興味ある問題となるであろう。実際、最近の三〇年間にこの問題は高等な数学的技術を用いることによってくわ

しく研究されている。

しかしこのような理論は、真に経済学的・数学的理論と呼びうるに値するものであろうか。もちろん、最近の一般均衡理論の発展は、理論的にはきわめて興味深いものがある。しかしながら、それを自然科学、とくに物理学における数学的理論、例えばニュートン力学の体系と比較すると、そこには大きな差があることを認めざるをえない。というのは上記のような一般均衡理論の結論は、均衡の存在は証明しえても、それがどんな性質をもつかについて、具体的に検証可能な命題を導くことはほとんどないからである。それは当然であって、そのためにはすべての人について各人の効用函数の具体的な形が知られなければならないはずであるが、それは望むべくもないことである。

ところがニュートン力学は、簡単な三つの前提から、例えば天体の運動に関する厳密で、しかも精密に検証可能な命題を導き出している。一般均衡理論のようなタイプの理論が、もし物理学の世界で定式化されるとしたら、それは例えば〝もし天体相互の間に働く力fが、二つの天体の質量m_1, m_2と相互の距離rの函数として表わされるとしたら、天体は周期運動をするであろうか、あるいはfについて、それがm_1, m_2に依存する部分と距離だけに依存する部分の積として表わされ、距離に依存する部分は距離の減少函数であるとしたら、周期運動を説明するのに十分であろうか〟というような問題に答えようとするものであろう。もちろんこれも興味ある問題である。しかしこのような理論からは、天文学の計算に役立つ命題が得られないことは確かである。

従って、このような一般均衡理論的なタイプの理論を形式的理論と呼んで、ニュートン力学のような、あるいはマックスウェルの電磁場理論のような実質的な数学的理論とは区別するのが当然であるように思われる。

そこであるいは、いわゆる数理経済学の理論が形式的な段階にとどまっているのは具体的なデータの不足によるものであって、それは理論の責任ではない、という異論が出るかもしれない。しかしそれはいろいろな意味で誤りである。第一に形式的理論は、見かけ上、非常に一般的であるように見えても、現実の経済をモデル化したものとしては著しく一面的と考えざるをえない場合が多いことは、上記のワルラス型のモデルについてもただちにいえることである。従ってそれはいくら膨大なデータを累積しても、簡単に現実に近いものとするわけにはいかない。

第二にそのようなタイプの理論は、具体的な数式をあたえれば具体的な解が得られるという形にはなっていないのがほとんどである。数学の理論としても〝存在定理〟と〝解法〟とは多くの場合、全く別のものである。例えば高次の代数方程式が複素数の範囲で必ず根をもつことは証明されているが、しかしそのことは具体的な方程式の根を求めるのにはほとんど全く役に立たない。理論がいくら精密化し、データがいくら豊富になっても、一般均衡理論によって来年度の日本経済を予測する（ちょうどニュートン力学によって日蝕を予測するように）ということは本来不可能であろう。

それではこのような形式的理論は、経済学にとっては単なる数学遊戯にすぎないものであろうか。実は必ずしもそうではない。というのは、実はこのような理論は、ある意味で経済現象の本質的な意義を明らかにすることであるからである。例えばワルラスは経済現象にとって稀少性 rareté ということが、最も本質的なものであることを示した。そのような指摘は、経済に関して検証可能な命題を導くにはあまり役立たないが、経済現象というものの理解を深めるには、非常に有効である場合があるのである。

この点はきわめて微妙な問題であるので、少ない紙面で十分説得的に説明することは難しい。しかしこのことのある意味で消極的な例として、いわゆるゲームの理論をあげておこう。ふつう経済分析においては、各経済主体は、他の主体の行動はあたえられたものとして、自分の利益（効用）が最大になるように行動すると仮定される。これに対していわゆるゲーム的状況においては、各人はそれぞれ他の参加者がどのように行動するかを考慮に入れて行動しなければならない。このような状況を数学的に理論化したのがノイマンの作り出したゲームの理論 Theory of games と呼ばれるものである。

実際の経済現象においてもゲーム的状況が想定される場合は多いから、ゲームの理論が経済学の側からも歓迎されたのは当然であった。ところがゲームの理論は、多くの学者の努力にもかかわらず、ゲームの参加者が二人だけで、しかもその利害が完全に相反しているような、いわゆる零和二人ゲームと呼ばれる場合のほかには、積極的な結論を得ることに成功しなかった。その意味ではゲームの一般理論は失敗であったといえるかもしれないし、またゲームの理論に対する関心もその後、低くなったようである。

しかし零和n人ゲームの一般理論というものがうまく作れないということは、じつは重要な意味をもっている。というのは、それは一般に数個の参加者が、互いに相手の行動をうかがいながら行動するような状況の下では、単に各人が自分の利益を最大にするように行動するという条件だけからは、一義的な均衡条件が導かれないということを意味するからである。いいかえればこのようないわゆる寡占的条件 oligopolistic situation の下では、それ以外の何らかの制度的条件を導入することなしには、落ちつくところが決まらないということを意味しているからである。従ってこのような条件の下では、経済的以外の制度的、社会的、心理的な強力な安定要因の存在なしには、安定的な情況が達成されないであろうということを意味し、その現実に対する意義は大きいといわねばならない。

数理経済学といわれる分野は、最近二〇年間に大きな発展をとげた。それは数学の体系としては、確かに美しい。そうしてそのことはそれ自体として一つの学問的達成であることはまちがいない。しかしそのような理論の社会科学としての経済学に対する意義ということを正しく評価することは、難しい問題である。というのは、それはなにが学問として価値あるものであるかという価値判断にかかわってくるからである。だがこのような理論によって、経済学が経験的に検証可能な精密科学に高められることを期待することは、本来不可能なことを要求することに等しいであろう。

7 統計的現状認識

形式的数学理論とは正反対の方向に、統計データによる現状の認識ないし記述がある。それは、理論的分析はさておいて、とにかく経済の現実を具体的な数字にもとづいて、把握しようとするものである。この目的のために現在たえず膨大な統計資料が集積されていることは、あらためてのべるまでもないことであろう。それはペティが、その議論を大部分きわめて根拠薄弱な推定数字にもとづいて進めなければならなかったのと比較すれば、非常に大きな違いである。

実際に使われている数字には二種類のものがある。一つは統計調査の結果、ないし行政上の業務の記録から直接得られる数字であり、もう一つは統計数字をいろいろ加工して得られた数字である。統計調査として最も大がかりなものは人口に関する基礎統計を作るために行なわれる国勢調査であるが、その他大小さまざまの統計調査がつねに行なわれ、その結果は報告書のかたちでほとんどたえまなく蓄積されているといってよい。これらの膨大な統計の山を見ると、現在ではむしろ統計資料の少なさよりも、それが多過ぎてどこにどのような情報がふくまれているのかわからないという嘆きさえ口にしたくなるほどである。

しかしここにもいろいろ問題がある。第一に数字としては、個々の統計の正確さはあまり大きくないものである。人間の数を数えるという簡単なことを目的とし、しかも膨大な費用と人手をかけて行なわれる国勢調査でさえ、誤差は少なくとも数万人という程度であることは確かである。もっと複雑な調査の場合には、調査対象の全体を把握するのが難しいこと、調査対象の分類に困難があること等の理由によって、正確な数字を得ることは非常に困難になる。またある種の数字については正確な答を得ることが(いろいろな理由によって)困難である場合も少なくない。これはいわゆる標本調査におけるサンプリングによる誤差などよりも実際にはずっと大きい問題であることが多い。

第二に統計数字は、決して概念的に純粋なものを反映していない。現実は複雑であるから、多くの中間的な形態が存在する。統計的に対象を把握するときはそれを強引に割り切って分類せざるをえない。第三に現実の統計の体系は、論理的に一貫した計画の下に作られたものではなく、多くの各官庁においてバラバラに作られているので、相互の間に重複や欠落があり、また同じことを重複して調査していながら、定義や分類の差異のために、相互のチェックも難しいというような混乱が少なくない。従って統計数字を正しく使うためには、一つ一つの統計の性質について経験的知識が必要である。

もちろんこのような点については、ある程度やむをえない面もあるが、これまで統計学が、調査に関しての純粋の技術論か、数字を数学的に処理するための形式的な理論に終わり、対象の具体的な性質に即して、例えば経済統計の体系はどのようにあるべきかという問題についての、理論的枠組を与えるような研究は欠けていたといわねばならない。他方、経済理論の側からも、伝統的には、経済学の理論に現われる概念を、どのように実際に計測するかということについての問題意識は、十分でなかったといわねばならない。

上述の第二の種類、統計数字をいろいろに加工して得られるようなものとしては、例えば各種の指数、および国民所得などがある。指数といえば、物価指数がとくに一般の関心が深いものであろう。そうして物価指数、とくに消費者物価指数が〝実感〟を反映していないということがいわれることがしばしばある。もちろん現実の物価指数にはいろいろな欠陥があるであろう。しかし本来それがつねに〝実感〟を反映しなければならないというのは、無理な要求なのである。物価指数は本来異質な商品のさまざまな変動を、それぞれになんらかのかたちでウエイトをつけて平均して、いわば強引に一つの数字にまとめたものにほかならない。しかし個々の商品の相対的な重要性は、個人個人により、個々の家計によって、厳密にいえばすべて異なるであろう。従って、Aの人の実感に合う指数はBの実感には合わないということになるであろう。従って真の指数というものがどこかに存在して、それがもし求められるならば、実感と直接結びつくはずだと考えることは誤りである。

指数に関する大著を書いたアーヴィング・フィッシャーは、指数の計算方式に関する形式的な議論に終始した。またこれを消費者選択の理論と結びつけようとした試みにしても、現実に結びつけるには、あまりに抽象的な枠組の中の議論でしかなかったといえる。指数の各種の計算方式の、変動ないし相違の経験的分析と結びついた研究が必要であると思われるが、そのような研究はまだきわめて乏しいといわざるをえない。例えば最近の物価の変動の影響を（支出面から見て）最も大きく受けているのは、どのような社会的グループであるか、またいろいろなグループに対する影響はどの程度ちがっているかというようなことを、家計調査などをくわしく分析してつきとめることによって、はじめて消費者物価指数がどの程度〝実感〟から離れているか、あるいはどの程度それを実感に近づけうるかというようなことは明らかとなるであろう。

国民所得、あるいは国民総生産（GNP）についても、同様のことをいうことができる。国民所得は、決して国民各人の得た金額を合計したものでない。勿論その大きな部分は実際に各人が得た金額から成っているが、その他に現物消費の金額換算分、あるいはいわゆる帰属計算によって算出された部分がふくまれている。また、土地のように生産可能でないものを売ることによって得た収入は、単に所得が異なる人の手に移っただけ（移転）と考えられるから、国民所得にはふくまれない等々。

このようないろいろな部分を推計し計算して作られたものが、公表される国民所得の数字にほかならない。従ってそこに当然ふくまれる統計上、推計上の誤差を除いても、その数字の実際的な意味は明確ではない。従ってそれは簡単に国民の経済活動の水準、あるいは経済福祉の水準を表わすなどというわけにはいかない。もちろん国民所得はそのいずれに対しても、だいたいの水準を与える指標とはなりうるし、またそういうものとして用いられてきた。またそれをより有効なものにするために改善の努力が積み重ねられている。しかし一義的に最も適切な国民所得の計算方式を与えるというようなことは本来不可能なことなのである。

数字としての国民所得の限界は、いわゆる国際比較の場合にはより明確である。第一に国民所得の金額を換算する場合のレートの問題がある。公定レートが現物の物価水準に必ずしも対応しないことは知られているが、生活習慣も生産構造も異なる二つの国に共通の尺度を求めようとすることは、本来不可能に近い。またかりにその問題が解決したとしても、国民所得計算の際の定義は国によって異なるし、またそれを国際的に統一することがつねに適当とはかぎらない。先進諸国にとって適切な定義は、低開発国にはうまくあてはまらないかもしれない。従って、例えばかりにわが国の一人あたり国民所得がアメリカの三分の一、インドの十倍であるとしても、それは月給一〇万円の日本人は、アメリカへ行けば月給三〇万円、インドでなら一万円になるということを意味してはいないのである。

もちろんこのことは国民所得の国際比較の意義を否定しようとするものではない。一つの近似的な尺度としては、それが国の経済的発展の程度を表わすものとして最も有効なものであることは、これまでに広く認められてきたといってよいであろう。ただここで強調したいことは、このような分析に過大な要求をしてはならないということである。

8　計量経済学的分析

ところで、経済学の理論と、直接に観測可能な数量とを結びつけ、従って具体的に検証可能な命題、あるいは政策的な利用が可能な命題を導こうとする努力は、社会的集計量（国民所得、雇用量、国民消費支出等々）の間の関係を分析しようとした、いわゆるマクロ経済学によって大きく発展した。この方向でいわゆるケインズ理論が決定的な役割を果したことは、よく知られている。ケインズによれば、社会全体の総所得Yは、総支出（すなわち総最終需要）に等しい。いま総支出を簡単化して消費支出C、投資I、および政府支出Gから成るものとすれば

$$Y=C+I+G$$

となる。これは理論的にも経験的にも自明な等式である。ところでいま消費支出はまた所得の函数として決定されるとし、それを近似的に簡単化して

$$C=\alpha+\beta Y$$

と表わすとすれば、I と G が与えられたものとすると C と Y とは、

$$Y=\frac{\alpha}{1-\beta}+\frac{1}{1-\beta}(I+G)$$

$$C=\frac{\alpha}{1-\beta}+\frac{\beta}{1-\beta}(I+G)$$

となる。一般に $0<\beta<1$ と考えられるから、このことは、もし例えば政府支出を1単位増加させると、それが直接には誰かの所得をふやすことになるが、それがさらに消費需要を増加させるというメカニズムを通して、結局 $1/(1-\beta)$ だけ所得を増加させることを意味する。これが有名なケインズの乗数理論であり、$1/(1-\beta)$ が乗数 multiplier と呼ばれるものである。もちろんここで国全体の生産要素の存在量は、このような所得上昇を可能にするものと仮定されている。もしそうでなければ、供給力が上限に達し需給ギャップからインフレーションが生ずるであろう。

このような議論は、少なくとも近似的には観測可能な量 Y、C、I、G 等について行なわれており、またその命題は原理的には検証可能である。事実、国民所得と国民消費の間にはきわめて規則

的な関係が成立することは、十分多くの事例によって経験的に確立されているといってよいし、またそれが一次式で十分精密に近似できることも知られている。そうして、もし乗数の値が経験的に確かめられているならば、それから一定の政策の効果を具体的に予測することも可能になる。

このような分析方法は、一方で国民所得統計その他の基礎データの整備と、統計的手法の発展、および大きな計算機の発達によって、きわめて複雑なモデルを扱ういわゆるマクロエコノメトリック・モデルへと発展した。すなわち一国の国民全体を数百の量の間に想定された数十本あるいは数百本の方程式によって表現し、それに現実のデータをあてはめて、方程式の中にふくまれる母数を推定し、それにもとづいて、予測あるいは政策効果を測定することが行なわれている。

このようないわゆる計量経済学の発展は、ペティが最初に目ざした数量的分析の目標を、より高い水準で実現したものであると思われるかもしれない。しかし現実には、モデルが大規模なものになって式の数が増せば増すほど、個々の式の経済理論的意味は不明確になり、また連立方程式が表現している均衡条件の論理的性格もあいまいになってくる。実際には経済学的な考察よりも、数多くの式の中から統計的にあてはまりのよい式をえらぶという形式的な方法によって、個々の方程式がえらばれることが多い。すなわち計量経済学的分析と呼ばれるものが、事実上は単なる形式的経験主義に陥っている場合は少なくない。

現実にはなかば経験主義的な計量経済学的分析も、予測や政策分析に応用されて、一定の有効性を発揮していることは事実である。わが国のいわゆる経済計画が、マクロモデルによる分析にもとづいて作成されていることは、周知のことであろう。

しかしそこにおいても、例えば予測に有効なモデルを作ることはモデル作成者の経験とカンにもとづくところが多い。その意味で計量経済学的方法は、まだ科学的方法というよりも一つの術 art と考えなければならない面が少なくない。

9　数学的方法を真にいかす道

すでに最初にのべたように、現在、経済学における数量的あるいは数学的方法の応用はきわめて広範囲におよんでいる。しかし上にのべたように、それは必ずしも経済学を整然とした厳密な体系的科学にするのに役立ってはいない。形式的数学的理論と、現実的な統計的な数量分析とは、必ずしもうまく結びついているとはいえないし、ある場合には互いに逆方向に発展しつつあるとさえいえる。

しかし本来、経済社会の歴史的性格からして、経済学を少数の公理系から演繹される論理的な理論体系として完成させ、そこに一定の観測値を代入すれば、ただちに経験的に検証可能な命題が導かれるようになるということは、一つの幻想にすぎないであろう。数学的なモデルはつねに現実の不完全な近似にすぎないし、それがまたいかなる意味の近似であるかということ自体も、歴史的状況に応じて変化するであろう。また観測される数量も、その意味においては空間的・時間的限界をもつものであって、いついかなるところでも同じ意味をもつというわけにはいかない。そういう意味でそれは物理的な量とは異なっている。

数量的分析、数学的方法は、経済学にとっても道具として有効なことは事実である。しかしそれをどのようにうまく使うかは、結局経済社会の歴史的性格の正しい認識にかかり、その中にひそむ〝事物の論理〟をどのようにうまく把握するかに依存する。数学的方法が成功するか否かは、事物の論理を数学的論理に翻訳するためのモデルが適切であるか否かに全面的に依存している。適切なモデル化が可能であれば、そのあとの処理は実はそれほど問題でない場合も少なくない。そういう意味で、数学は経済学についてはあくまで補助手段としての位置を占めるにとどまるであろう。（もちろん補助手段としての重要性は今後も増すであろうが。）

ところで経済学における数量的分析は、単に経済学内部のみならず、政策にも、もっと広く一般的社会にも影響を及ぼしている。政府の経済政策は、いわゆる経済見通しの数字とともに発表され、またいわゆる経済計画は、大規模な計量経済学的分析に（少なくとも表面上は）もとづいて作成されている。また企業の経営計画にも統計的分析にもとづく需要予測などがとり入れられるのがふつうである。一般の人々の会話にも物価指数や国民所得が口にされるようになっている。

ペティの用いた方法が、いまではきわめて〝ありふれたもの〟になったことは全般的には歓迎すべきことである。しかしこのことは、数字に対する過大な期待、その厳密さに対する幻想と、それに対する反動から生ずる幻滅とを生み出していることを指摘しなければならない。例えば物価指数の小数点以下の部分の上下をうんぬんするような無意味な議論も、しばしば見られる。

他方、最近の公害問題に見られるように、これまでの方法で十分論議されなかった問題の重大化は、これまで使われてきた数字に対する不信を生み〝くたばれGNP〟などといわれるようになっている。しかしGNPとは本来、国民の経済福祉を表わす手段としては限界をもつものなのであって、公害問題がそこに反映されないからといって、それが無意味だということにはならない。

また、GNPだけでなく環境要因や社会資本もとり入れて新しい総合福祉指標NNWを作ろうという試みが提案されているが、しかし私はこれには疑問をもっている。国民の経済福祉などというものを一つの指標で数量的に表現しようなどとすることが、本来意味をもつかどうか問題である。個人個人の福祉の度合は簡単に共通の尺度で数量化できるものではないし、またそれができたにしてもそれを加え合わせて国民全体の福祉になるわけでもないであろう。

そんなことを考えるよりも、国民の福祉がGNP以外にも多くの要因から成っていることを明確に認識した上で、どこに問題があるかをつきとめ、それにどのように対処したらよいかを考えるべきであろう。当面の公害問題についていえば、国全体の環境汚染がどの程度進行しているかを断片的でなく全体として捉えるような資料をまず作り出すことが、目下の急務であると思う。環境汚染の指数とGNPをどのようにしてウエイトして加えたら福祉指標が作れるかなどということは、どうでもよい問題である。

数字は、経済といわず社会現象にとっては、つねに一面の真実を語るものでしかない。それを一面的なものと知りつつ、適切に用いること、それが最も大切なことである。

第4章　統計学の規定と統計的方法の意義

1　はじめに

統計および統計的方法が、最近ますます広く、また盛んに応用されるようになりつつあることは、いまあらためて強調する必要もないであろう。それは経済学、生物学、心理学、社会学等の研究において、また工業、農業、あるいは経営の実際面において、不可欠のものとなっている。

このことは、統計学に対して、一つの重要な問題を提起している。上に述べたような種々様々の分野は、それぞれ固有な論理と、それを扱う学問的・技術的方法をもち、それらはまた互いに著しく相異なるものであることは当然であろう。そこで、もしこれらのきわめて種々様々な分野において、共通の統計的方法なるものが有効に適用されるとしたならば、それは何故であるか。そのような統計的方法なるものは、どのような固有の論理をもち、そうしてそれは各応用分野自体の論理とどのような関係にあり、どのような結びつきをもつものであろうか。このような問題に答えることは、統計ないし統計的方法の適切な利用のために、不可欠の前提となるものであろう。それにもかかわらず、これらの点についての反省は十分なされているとはいえない。またそのために統計的方法の応用上、無用の混乱が生じている場合もあるように思われる。

このように考えると、「統計学とは何か」、統計および統計的方法を扱う固有の分野としての統計学の学問的意義はどこにあるかの問題が、あらためて重要な意義をもつものとなるであろう。

2　統計的データの性質

ところで冷静に観察するならば、統計あるいは統計的データ、統計的分析、統計的方法等の言葉の用例において、統計的 statistical という言葉が少なくともニュアンスの異なる二つの意味に用いられていることが知られるであろう。第一には、統計とは人口、国民所得、工業生産、あるいは交通事故件数等々というような、何らかの意味で社会的な意味をもつ数字を意味しており、統計的分析ということは、このような数字を用いて量的に分析することを意味している。第二に統計的データという言葉は、偶然変動をともなった一連の数字を意味する。そうしてそれから何か必然的なもの、あるいは意味ある事実をひき出すための方法が、統計的分析と呼ばれている。実験計画法、抜取検査法が統計的な手法といわれるのは、このような意味であることはいうまでもないであろう。

このような統計という言葉にまつわる二義性は、統計学の発達の歴史から生じたものである。すなわち近代統計学の父ともいわれるケトレーが、大数法則にもとづく社会の科学的認識、いわゆる〝社会物理学〟physique sociale を構想したとき、偶然変動を扱う数学的理論としての確率論を、本来〝国家の状態の認識〟を意味した国状学 Staatenkunde=Statistik に結びつけたのであった。すなわちケトレーによって作り出された近代的な意味での統計学は、この社会現象を偶然的変動をふくむ大量現象として取り扱うという観点が確立されることによって、はじめて成立したのである。

しかし統計という言葉にまつわる二義性は、近代統計学が一応この二面の統一の上に成立しながらも、決して完全に解消されることはなかった。むしろ最近になって偶然変動を処理する方法としての統計的手法が、自然科学的・技術的分野に応用されることが多くなるにつれて、この二面をむしろ切り離して考え、別個に取り扱うべきではないかという考え方も有力になっている。しかし私は、それを直ちに切り離して論ずることは正しくないと思う。人口というようなデータも、実験観測値のようなデータも、やはり統計データとして共通の面をもっているのであって、まずそれを明確にすることが大切である。

そこで、まず統計ないし統計的という言葉の二義性に注意した上で、それを抽象的に規定するとすれば、次のような面が考えられる。(1)統計、統計的データはいずれも数字である。(2)しかしそれは理論上あるいは仮説上の数字ではなく、特定の人間主体が具体的な対象について、具体的な方法によって観察ないし観測した結果として、得られた数字である。(3)その数字は何らかの意味で集団ないし集団的現象を表わしているものと理解される。ここで集団ないし集団現象というとき、それは人口のような具体的存在である場合と、測定値のくり返しのように、操作的 operational に設定されたものである場合とがある。

ここでこの集団の意味の二重性が統計ないし統計的という言葉の二義性と結びついていることは明らかであろう。そうしてこの場合、概念の二義性に注目して、それを存在たる集団＝大量 Masse と解析値集団＝Kollektiv とに明確に区別することを強調したのが蜷川虎蔵教授（現京都府知事）であったことも周知の事実である。

しかし私は、この区別を対立的なものとして強調することには賛成できない。というのは集団＝大量というものにしても、実はそれがそのまま現実の客観的存在としてあるものではなく、それを統計的に把握するときに、はじめてそのようなものとして現われるからである。

しかしいずれの場合においても、そこで考えられている集団は一定の具体的な条件によって限定された集団であって、恣意的な、あるいは純粋に観念的に構成されたものではないのである。すなわち、例えば昭和四五年何月何日における日本の人口、あるいはこれこれの条件の下における実験の結果というようなものが対象となるのであって、具体的な限定のない日本の人口とか、一定の種類の実験とかが対象となるのではない。

第二に集団はいうまでもなく、数量的に把握されている。そこでは集団を構成する要素の質的な差異は量のうちに解消されねばならない。

また、統計ないし統計データは人間によって作られた数字である。いわゆる調査にせよ、測定にせよ、それは人間の対象に対する働きかけをふくんでいる。統計はこのような働きかけを前提にしてはじめて成立するものである。統計のうちにはこのような主体の行動が反映せざるを得ない。

すなわち統計は、対象としての集団現象と、主体としての人間（国家、研究者等）、それを媒介する方法（量的観察）の三つの契機を本質的にふくむのである。統計学はまず統計をこの三つの契機の総合として捉え、客観的に分析するものでなければならない。この三つのうちの一つでも無視することは、誤った理解に導くものである。

このように考えると、統計学史上に現われた主要な二つの見解、統計学を集団現象自体に直接関与する学問であるとする見解も、また集団現象の観察方法に関する科学であるとする見解も、ともに一面的であるということになるであろう。前者は、統計が集団現象から具体的な観察法によって得た数字であるということを無視しており、後者は、統計的活動が一定の主体によって行なわれるものであって、それ自体客観的な存在であることを見失っているといわねばならない。

統計は、一つの具体的な存在であって、現象の一面を抽象した概念的なものではない。それは具体的な対象に、具体的に規定された方法により、具体的に働きかけが行なわれたときの、具体的な結果である。統計はつねにこのようなものとしてのみ存在する。それは決して客観的対象自体のうちになにか本質的に存在しているようなものではない。理念的な「正しい」あるいは「真の」統計なるものは存在し得ない。

従って、例えば統計の誤りをいう場合に、それを現実の統計と、なにか理念的な「正しい」統計とのへだたりを意味するかのように述べてはならない。「正しい」統計は具体的な手続きとの関連においてのみいわれるものであって、対象がすべて捉えられたかどうか、それが規定されたとおりに測定，観察ないしは分類されているかどうか，それが誤りなく集計されているかどうかという点においてのみ，「正しい」統計ということが意味をもつのである。統計批判を行なう場合に，ややもすると観念的に「正しい統計」を設定して，現実がそれとは違うのはよくないというかたちになりがちであるが，それは論理的にまちがった態度であるといわねばならない。

この点は自然科学的な観測値の集団についても同様である。現実に与えられている統計は，つねに一定の具体的な条件の下における有限回の観測の結果である。それは決して単に無限に多くのものの中からの偶然的な測定値の集まりというようなものではなく，従ってそれを「純解析的」なものと呼ぶことは適当ではないであろう。これを無限のくり返し可能なものの中の一つ，無限母集団からの確率標本と見るのは，分析のための一つの手段としての想定にすぎない。少なくともある決まった物の長さ，重さ等を一定の器具を用いてはかるというような簡単な場合を除いては，統計自体を単に確率標本の概念に全く解消してしまうことができるような場合は，ないといってよいであろう。フィッシャーが母集団概念の仮説性 hypothetical character を強調していることは，この点に関して注意を要する。

3　統計的認識

しかし統計ないし統計数字を上記のような三つの契機の統一されたものとして把握するにしても，具体的な集団あるいは集団現象を観測して得られた数字が，直ちに統計的なるものを意味するとはいえない。

例えば五人の人の身長を測って、*A*氏一五八cm、*B*氏一六三cm、*C*氏一六七cm、*D*氏一七一cm、*E*氏一七六cmというような値を得たとしよう。このような値はたしかに五人の人間集団を観測して得た数字である。しかしそれは、これだけでは直ちに統計あるいは統計的なものと考えることはできないであろう。

このような数字が統計的なデータと見なされるためには、それらから例えば*A*氏、*B*氏というような固有名詞を除いてしまわなければならない。すなわち集団自体は具体的な存在であっても、集団の構成要素は、ただ集団を構成する1単位としてのみ捉えられねばならない。個々の構成要素の間の具体的な差別性はすべて捨象されて、ただ量的な差異のみが残されねばならない。すなわち上記のような身長の値は、単に一定の条件の下で観測された五つの身長の値としてのみ意味をもつことになる。このように、いわばその対象となっている集団の個々の単位が具体的な存在規定から切り離されて、ただ一定の標識の集まりと見られるようになったときにのみ、具体的な数字の集まりが統計的なデータと呼ばれることになる。

この点は、集団の大きさ、あるいはその構成比を表わす統計において一層明確になる。例えば人口統計においては、すべての個人は、単に一人という数以外のものではなくなり、その限りでは全く相互に無差別な平等なものと見なされている。このことは、人数を数えるという操作によってもたらされるものであるが、しかし数えた結果を人口の統計として見ることは、それ以上のことを意味している。数えるということは、確かにすべての人間を同じ一人一人として相互に同質なものとして理解することを前提している。しかしそれだけでは、まだすべての人間が、完全に一人という数詞として、集団の一個の構成要素としての存在に解消されてしまったことを意味するわけではない。人間の数が、ある特定の集団の大きさを表わすものとして、それを構成する個人の具体的な内容がいっさい抽象されたものとして見られるときにのみ、それは統計と呼ばれ得るものとなるのである。

だから例えば、私の家の家族数が五人であるというとき、五人という数字は、人の数ではあっても〝人口〟とは違って統計とは見なされないであろう。それは五人という数が統計というには、あまりに小さすぎるためではなく、家族は例えば父母兄姉妹というようなそれぞれが違う立場の人々の集まりであって単なる人間の〝集団〟と見なすことはできないからである。

ここで、このように具体的な数字を、統計的なものと見なす操作は、必ずしも具体的な数字、その作成の過程と直接結びつくとは限らないことに注意しなければならない。例えば上記の身長のデータは、ある洋服屋が注文客を測ったものであるかもしれない。そうとすれば、このような数字は本来洋服屋にとっては統計的なものとはいえない。しかし、それを洋服屋以外の第三者が、一定の観点から見るとき、それは統計的データと見なされることも可能になる。

それゆえ、統計には、上述のいわば直接的な三つの契機のほかにそれを統計として成立せしめる、さらにもう一つの契機を指摘しなければならない。すなわち、このような具体的な数字を統計的なものとして把握する一つの観点、統計作成あるいは統計分析を行なう者の側の一つの観点である。統計数字は確かに一つの具体的な存在である。しかしそれはそれ自体としてはまだ統計ではないし、またそれが統計的なものとして理解されることが、対象自体から自明というわけではない。それは統計として把握されてはじめて統計となるのである。

この問題は、ある意味で統計の対象の集団性の理解と関連する。すなわち、さきに統計は具体的な集団を観察して得た数字であると述べたが、しかし他面からいえば、対象を集団的なものとして、あるいはその集団性において理解することは、一つの理論的ないし観念的な視点を前提としているのであって、対象そのものの具体的な存在から直接導かれるものではないのである。

この点は統計の範囲を論ずること、すなわちいかなる数字が統計であり、いかなる数字が統計でないかの問題とも関係する。例えばわが国の米の生産量の数字を考えるとき、それは米粒の数の表現として見られる限りは統計ではないが、米の生産者を単位として、生産者の集団の生産した米の総量を表わすと見られるときにのみ、統計と理解さるべきであるといわれる。このような説明は現在の統計学において、ある程度広く受け入れられた見解といってよいであろう。しかしながら、この場合注意すべきことは、米の生産者を表わす数字自体は、必ずしもこのような解釈に即した観点から作られる――すなわち例えば農家を調査単位とする統計調査によって作られる、とは限らないのである。もしかりに（現実の可能性はともかくとして）米粒を数えるという方式で数字が作られたならば、それは統計ではないことになるのであろうか。いずれの場合にしても米の生産量という数字の具体的な意味は明らかである。ただその数字が統計として理解されるとき、われわれは生産量を生産者集団の作り出した米の総量を意味するものとして把握するのである。また別の例をあげれば、例えば中世の封建領主の財産目録に、農奴の数が記載されていたとするとき、それはそれ自体としては、一個人の家の財産目録における家畜の数と同じように、統計ということはできないであろう。しかし現代の目からその記録を見るとき、同じ数字を例えば人口統計として理解することも可能である。

自然科学的、技術的なデータにしてもこのことは同様である。しばしば社会科学的統計学者の側からは見誤られがちであるが、一般には技術的な観測データといえども、個々の値は誰がいつどういう条件の下で観測した値であるかという固有の限定をともなうものであって、それを統計的に処理することは、そのような固有の限定のうちの一部を捨象することを意味している。すなわちデータは統計的な処理を前提にして、はじめて統計的なものと見なされるようになるのである。R・A・フィッシャーの創始した実験計画法は、データを統計的なものとするための方法を、くわしく規定しているのであって、与えられたデータを無条件に統計的なものとして処理することは、きびしく排撃されているのである。

すなわち統計を集団を表現する数字であると規定するとき、その「集団性」は、必ずしも具体的な数字そのものから直接生ずるとは限らない。むしろそれは統計作成者、利用者の側から観念的あるいは操作的に設定される場合が多いのである。そこで設定される集団は、ある場合には数字自体が作られたときの具体的な存在としての集団とは異なる場合もある。また例えば標本調査法のような場合には、観察の際に対象に対して外部から技術的な要求によってランダムなくり返し抽出という集団が設定されることもある。

このように、いわば現実の「存在たる集団」と統計的認識において想定される集団との間に生じ得るズレは、統計的認識の有効性と適用範囲を考えるとき、微妙な問題を生ぜしめるのである。

統計は集団現象を表わすものであるとしても、それは決して集団現象そのものの記述ではない。それはある意味できわめて一面的な、あるいは形式的な記述である。統計は、対象を単なる量的差異をもち得るにすぎない、いくつかの形式的同一性に帰着させてしまうことを前提にする。しかもこのような形式同一性の下における量的なものとして対象を捉えることは、単に対象自体の性質によって決定されるものではなく、それをどのように捉えるかという、主体の働きかけにも、また統計を統計として認識する者の観点にも依存している。

統計は対象を標識の集まりに転化することによって、現実の存在に対する抽象化を行なう。しかし、そのような抽象性は理論的に確立された概念としてのそれではなく、単なる形式的同一性にすぎない。それは現実に対して一つの単純化されたものを表わすが、それは必ずしも理論的規定において単純なものを表わしてはいない。むしろ概念的には複雑な規定をふくんだまま形式的に単純化されているにすぎない。

統計のこのような形式性は、ある程度まで統計的認識のもつ本質的な制約であって、数理統計学の形式性は、このような統計認識のもつ本質的な形式性にもとづいている。そうしてそのことが数理統計学の理論の理解において不可欠な条件であるといわねばならない。

そこで、統計学の対象は、集団現象それ自体ではなく、それに関する統計であるという点が強調されなければならない。統計は統計であって、現象そのものの記述でもなければ、またその特定の側面を抽象したものでもない。統計は具体的対象に、具体的方法を適用した限りにおいて、具体的な存在である。しかし統計が統計として成立するのはまた、対象をあるがままにその種々の概念的規定性を無視して同質無名の集団として写し出したからであるという限りでは、統計は一面からいえば抽象的な存在であるにとどまる。

このような統計の具体性＝抽象性は、他方では統計がまたいろいろな理論的＝抽象的規定をふくむ可能性をもつということを意味する。例えば人口統計は、それ自体としては、単に一定の地域、一定の時点において、何人の人間が存在するか、何人が生まれ、何人が死んだか等々の現象を記述したものにすぎない。しかしわれわれが人口現象を経済学的、社会学的等々の観点から見るとき、それは労働力に関する統計として、あるいは階級別人口の統計等々として捉えることができるのである。このようにして、統計は経済統計、社会統計、生物統計、工学的統計となり得るのである。そうしてそのようなものとして統計は、個別的科学の対象となる。そのような統計の意味するところの内容は、経済学、生物学等々の研究対象であって、その分析は、統計学の任務ではないといわねばならない。

4　統計的認識の社会的根拠

ところで、具体的な数字をまさに統計たらしめるものが、上にのべたような統計的認識の視点であるとすれば、次にこのような統計的認識の根拠ないし存在理由を考えねばならない。

統計的認識は何故、またいかにして可能であるか、あるいは何故、いかにして生じたかの問題は、勿論きわめて難しい問題である。またこのような問題を扱うについてもいろいろの方法ないし視点が考えられる。それについて完全な取り扱いをする余裕はないが以下二、三の点を指摘しておこう。

まず普通にいわれているように、いわゆる「大数法則」が、統計的認識を根拠づける、というような説明は納得できない。「大数法則」は統計的認識の一つの現象形態にすぎないと私は思う。統計的認識の根拠は、人間の認識の歴史的・論理的な発展の流れの中に求められるべきであろう。そうしてそのような観点から社会的、論理的の二つの側面を区別することが考えられる。

第一に、社会現象の量的把握ないしは集団現象としての理解の、歴史的・社会的根拠を考えよう。それがまず第一に、歴史的存在としての資本主義社会の性格に直接結びつくことは、明らかであろう。社会経済的関係が、市場関係を通じて物と物との関係、しかも量的な価格関係を通じて、質的に異なるものとしてではなく量的にのみ異なるもの相互の関係として現われるということは、資本主義社会の一つの基本的性格であるということができる。のみならず、そこでは人間と人間との質的な関係、例えば階級関係も、商品の間の量的な関係の中に埋没されて、すべての人間は、商品所有者として相互に対等な、そうして互いに商品の関係を通ずる以外に有機的な結びつきをもたない「市民」として現われることになる。こうして社会は一つの人間の集団として現われることになる。統計的認識の基礎にあるものは、まさにこのような「集団」としての社会のイメージであるということができよう。

しかしさらにくわしく見ると、このような資本主義社会の自己認識としての社会のイメージ、そうしてそれの統計的認識における反映は、資本主義の段階的発展にともなって次第に変化していることも明らかになる。

例えば社会の量的認識としての統計的認識が最初に成立したのは、イギリスにおける政治算術においてであった。それが最初に市民革命を通じて、資本主義発展への道を歩んでいたイギリスにおいて行なわれたということは、論理的にも当然であり、また歴史的にも市民革命と政治算術との結びつきは明らかである。

そこでは、観念的な君主中心の考え方ではなく、より合理主義的な考え方が成立していた。政治算術は、このような資本主義の第一段階としての、重商主義段階におけるイデオロギーから生まれたと考えることができるであろう。すなわち、資本のもつ経済的合理性の要求によって、関心は観念的に絶対化された国家にではなく、主要な経済諸量の客観的な把握にあったのである。しかも他面、資本蓄積が国家権力の強力な保護をまたねばならず、また世界市場の争奪をめぐって国家間の勢力争いが激化していた当時において、資本主義的蓄積がもっぱら国富として捉えられ、その全体としての富が、それを形成する個々の要素の法則性よりも重んぜられたのである。このようないわば微視的な経済現象の法則性に対するある程度の無関心、さらに全体の量についても、その測定の精密性を求めるよりは、むしろその持つ意味に重点をおく考え方は、当時の国家権力の強さ、いわゆる重商主義的絶対主義の現われにほかならないとも考えられる。このような特色はペティの『政治算術』『租税貢納論』に強く現われている。

しかし、「資本は本質的に平等主義者である」と同時に「資本は本来コスモポリタンである」といわれる。また資本主義社会は、商品市場の無政府性と、しかもその中をつらぬく法則性に基礎をおくものであることはいうまでもない。従ってこのような資本主義社会の本質が最も純粋に近いかたちで現われる自由主義段階において、〃一見恣意的に見える社会の現象の合法則性〃の発見を主要な目的とする統計学が展開されたことも当然である。一八世紀、ズュースミルヒの発見があまり広く受け入れられず、一世紀後のケトレーにいたって熱狂的な歓迎をまき起したということは、このような考え方自体が、資本主義のある程度の成熟を前提にしてはじめて一般に受け入れられるようになったことを示すものである。「神の秩序」あるいは「大数法則」は「見えざる手」の統計学における表現にほかならない。確率論は、無規則な需要と供給とが平均的には均衡してゆく市場の法則性の、形式的な表現であり、その数学的なモデル化であると考えることができる。しかも個々の資本にとっては、このような市場の法則性は、動かしがたい自然法則と感ぜられたがゆえに、統計的規則性はそのままこのような自然法則、偶然的な要因によっていろいろ攪乱を受けながらも、結局自己を貫徹して行かざるを得ない自然法則の表現と思われたのである。ベルヌーイの定理は、いわゆる経験的確率が結局は先験的な、つまり「真の」確率に向かって収束することを示したものとして、この間の事情の論理的に厳密な証明として感ぜられたにちがいない。

一九世紀にまたケトレーを通じて、人口統計、道徳統計の意義の増大と、経済統計の後退とが見られる。このことは一方では国家の経済への干渉を排除すること、他方では人間の形式的平等性を強調し、原子論的な社会観をとる自由主義的イデオロギーの反映にほかならない。平等主義者、コスモポリタンとしての資本は、全体としての国富とか、社会構成とかいうことには関心がない。社会が相対立する階級によって構成されていることは無視することが資本の利益に一致する。社会はバラバラな形式的には平等な個人（市民）から成るものであり、そのうちの何パーセントが零落し、あるいは犯罪や自殺に追いやられるとしても、それはその当人の責任であるとともに、また動かし得ない自然法則の現われにほかならない。人口統計を中心として、社会の法則性を捉えるという考え方が、このようなイデオロギーの直接の帰結であるということは明らかであろう。*

* ケトレーの理論が、資本主義の後進国ドイツでいろいろな反対と批判をまき起こしたことは、ドイツにおける自由主義経済学の運命と対比して考えると興味深い。社会現象の法則性を自然法則のように見なすことが、後進国ドイツの反発を招いたのは当然であるが、このことはケトレーが先進資本主義国のイデオローグとしての役割をも果たしたことを間接に立証するものであろう。

しかし資本主義の独占段階にはいると、統計の種類も量もますます増加し、経済統計の重要性が増大するが、それと同時に独占資本およびそれによって動かされる国家の力の増大は、資本がついに市場の無政府性を克服し、経済を完全に支配し得たかのような幻想を生ぜしめる。経済的な諸量も、単に全くの量として、すなわち歴史的な質をもたないものとして、純粋に量的な法則性にのみ従い、従って資本はそれを思うままに利用できるかのように見えることになる。資本が自由にしえないものは、自然的諸条件（土地、気候など）と同様に、単なる制約条件と見なされることになる。純粋に量的な関係を処理する手段としての数理統計が統計学の中心的役割を果たすようになるのは当然であろう。

経済関係を量的な関係においてのみ捉えようとする考え方が、従ってまた数理統計学が、はじめはイギリス、後にアメリカにおいてとくに発達したことは、両国が資本主義の先進国として占めた地位からいって当然のことであったといえる。とくにそれは大恐慌後のいわゆるマクロ経済学の発達とともに、第二次世界大戦中および戦後のアメリカにおいて大いに発展した。経済関係を数学的モデルによって完全に表現し、それを数学的手段のみによって理解しようと試みる計量経済学においてそれは頂点に達する。最近の計量経済学によれば、経済は資本ないし国家のいわゆる「外生変数」を適当に操作すれば、それに応じて経済全体が予期されたとおりに動いて一定の結果を生み出すというようなある種の機械のようなものと見なされることになる。「外生変数」の目盛りを合わせさえすれば、機械は自動的に一定の「内生変数」の水準を与えるであろうということになる。社会的・歴史的条件は機械の動きを表わす「パラメター」にすぎず、それは特定の機械に固有のものとして、もはや論議の対象とはなり得ないものと見なされる。

最近になって、このような統計的認識における観点の変化は、統計概念の根本的性格の上に重要な影響をもたらした。それは一言でいえば、社会の量的認識における「集団性」の視点の著しい後退にある。国民所得、総生産は一つのまとまった量として理解され、それが集団における多くの主体の活動の総和であるという観点が稀薄化しつつある。そうしてこのことは統計学における統計認識の規定において「集団性」の観点の後退、ないしその著しい形式化、無内容化として現われているといえる。

実際、社会の量的認識が、必ずしも「集団性」を基礎にもつ統計的認識であるとは限らないであろう。社会に関する数量的データをつねに統計的データとして理解することは、必ずしも必要でないし、また有効でもないであろう。フラスケンパーのように、例えば一国の鉄道総長を、一キロという単位長さの「集団」として捉えるというようなことは、対象の性質を理解する上にかえって障害となるだけである。あるいは国民所得のような概念を経済主体の集団の所得の総和というような「統計的」観点からのみ認識することは、はたして正しい方法であろうか。社会現象の量的認識をすべて無理に統計的認識に擬制しようとすることはかえって危険であろう。

このような点からすれば、むしろ逆に統計的認識の概念規定そのものを変えて、統計的なるものを――すなわち社会現象の量的表現一般と等置して、集団性の概念を――少なくとも概念規定からは除くことも考えられよう。事実ソビエト統計会議の決議の背後にある考え方はこのようなものであったと思われる。しかし「社会現象の量的表現」あるいは「社会に関係する数量的データ」等は、きわめて無内容な形式的概念であって、それらを一般的・包括的にとり扱うことは、たとえば物理量一般というようなものを考える場合と同じくほとんど無意味であろう。社会科学、例えば経済学に関係する数量的データ全体を考えてみるとき、それには本来きわめて種々雑多なものがふくまれている。例えば、もしわが国の農業問題を扱うとすれば、気温、降雨量等の気象データ、国土面積、標高、川の流域面積等の地理的データ、あるいは稲、麦等についての植物学的データ等々が必要になり、また意味をもつことになるかもしれない。しかしこのようなデータを、経済学に関係あるデータとして、農家戸数、農業人口、作付面積等の本来の統計データと一括して扱うことは、当然さけるべきである。すなわち経済学的研究において、あるいは広く社会の量的認識においては、統計のみならず、非統計的データも有効であり、またある場合には社会的でない〝自然的〟データも必要でさえあるかもしれない。しかしそのことは決して、統計あるいは統計的データとそれ以外のものとの区別の必要性をなくするものではない。そうして統計的認識の基礎には、やはり集団性の概念が不可欠のものとしてふくまれているべきであると思う。

さらに上記のようないわば純経済的な量についても、それを無批判に与えられた一個の量として扱うことはできない。「国民所得」として公表されている数字は、実はいろいろな統計、統計的データを加工して構成された数字であって、その過程に多くの仮定、推算あるいは仮構がふくまれていることは周知のことであろう。従ってその素材としての統計と構成された数字としての国民所得とを明確に区別することは、国民所得データの適切な批判ないし利用のためにも重要である。従って、統計的認識についての上記のような概念規定の変更は、統計的認識の特質を見失わせ、無用の混乱を生ずるのみであろうと思われる。

結局、統計的認識は、社会の量的認識の一つの特殊の形態であり、それは資本主義社会の歴史的特質にもとづいて生じたものである。その限りではまたそれは一つの歴史的な性格と、また歴史的な制約とをもったものであるということができる。

5 統計的認識の論理的意義

ところで経済的認識の根拠の第二の側面は、人間の科学的認識の過程の特質のうちに求められる。統計的認識は、事象の集まりを集団として捉えるとき、集団全体の性質を反映する事実は必然的な「意味のある」ものとして、個々の事象にのみ固有の性質は偶然的な「どうでもよい」ものとして理解することになる。ところで一般に科学的認識なるものが、経験的データの蒐集、その整理と法則性の発見、理論の構成と検証という諸段階を経るものとすれば、統計的認識はこの第二の段階に対応する。この段階をいわゆる帰納の段階と見なすことにするならば、統計的認識は帰納法と密接な関係をもつ。あるいはそれは帰納的推理の一種と見なしてもよいであろう。

帰納法なるものは簡単にいえば、経験的な事象を同種なものと異種なものとに分類することによって、経験的データを整理しようとする方法であるということができよう。統計的認識は、対象となる集団現象を、本質的に同種なものの集まりと見なして、集団現象を一定の標識の集まりに帰着させる。しかもその標識の変動を、偶然的なものと集団全体に作用する必然的なものとの和に分解して考えることにより、いわば帰納的分析をある意味で最も形式的な、しかし同時に徹底したかたちで行なうことになる。

統計的認識を帰納法の一部、あるいはむしろ帰納的推理の数学的に精密な型として理解し、いわゆる統計的推論を数学的帰納論理学として発展させようとする試みは、ラプラスからR・A・フィッシャーにいたるまで多くの学者の間に見られる。例えばフィッシャーは、統計的方法を本質的には帰納法を数学的に精密化したものとして扱っている。私はいわゆる帰納的な方法をすべて統計的認識に解消させることが可能であるとは思わないが、しかし科学的認識の一段階において帰納的な方法が必然的なものとなるとすれば、同時にそこに統計的認識の根拠も与えられるということはできるであろう。

しかし科学的認識は、単なる帰納的方法のみによっては完結し得ない。科学というものは、決して経験的データを最も能率よくまとめたものというにとどまらない。それは一定の〝説明原理〟にもとづいた理論体系をもたなければ、科学としての条件を満たすものとは見なされないであろう。従って統計的認識は、科学的認識の一段階に必然的な地位を占めるものであっても、科学的研究の独立した一方法とはなり得ない。「単なる規則性 Regelmässigkeit は決して法則 Gesetz ではない」といわれるように、統計的認識を通じて得られる何らかの経験的規則性は、それだけでは科学的認識の目標としての法則とはなり得ない。経験的事実が論理的に展開された理論によって「説明」された場合にのみ、経験的な規則性は法則の名に値するものとなる。このように経験的事実から体系的な理論構成にいたる過程、マルクスのいわゆる「下向過程」の性質についてはくわしく論ずることはできないが、それが統計的認識のような形式的な性質のものとは本質的に異なった、直観的な飛躍をふくんだものであることは疑いない事実であろう。

従って、特定の分野において一つの科学的理論体系が確立されると、統計的認識の比重は低下する。統計的認識の有用性は、科学的研究の比較的未発達な段階、いわば科学的研究のフロンティアにおいて、最も顕著に示されるように思われる。

しかし、科学的研究の過程において統計的認識の占める位置は、実はもう一つあるということができる。科学的理論体系が構成された場合においても、理論は必ずしも現実の事象を完全に説明するものではない。理論体系なるものは、つねに多かれ少なかれ現実を「モデル化」したものにほかならない。従って現実に観察される事実を理論で説明しようとする場合、理論的法則性の現われ方、その程度、あるいは理論と現実のズレの程度は、理論から直接導かれるものではない。さらに理論体系の中には一定の定数（いわゆるパラメター＝母数）の存在が前提されているが、しかしその数値の大きさは理論によっては与えられない場合がしばしばある。従ってこのような理論の現実における現われ方の程度と強さを確かめること、あるいは上にのべたような定数（＝母数）の大きさを確定することは、理論体系を前提にした上での、経験的あるいは実証的分析の課題になる。このような場合に、理論と現実とのズレ、すなわち前提された理論によって説明されない変動を適切に処理することが重要である。そこで、一つの理論体系があてはまると想定される事象を多数集めて集団を構成し、集団全体に共通の部分を理論的に説明されるべき必然的な事実として、個々の事象の変動は偶然的なものとして処理することは、きわめて有効な方法となるであろう。すなわち統計的認識は、マルクスのいう「上向過程」の一部にも一つの位置を占めるべきものである。

とくに経済学においてはこの点は重要である。経済学の歴史の上で、統計的な分析にもとづく帰納から直接新しい理論的法則が導かれるというようなことは、ほとんどないように思われる。これに対して、理論体系を前提にした上でいわゆる現状分析を行なう場合の、統計的分析の必要性あるいは有効性は明らかであろう。勿論、現状分析において数量的データが不可欠であるという意味で、統計の必要性は明らかである。しかし現状分析がある程度数学的な厳密性を目ざすならば、数量的データにおける偶然変動を処理する方法としての統計的方法も、また重要となるであろう。*

＊　このような「現状分析」における統計的方法を「現象記述的」等の言葉で呼ぶことは妥当ではないと思う。それは単に現象を表現するだけでなく、いわば現実を理論的に説明する枠を与えるという意味で、理論的説明に逆に影響を与える。例えばある種の事象についてある傾向が生じやすいことが理論的に想定される場合に、多数の事例を観察して、九九％に理論から予想される傾向が見られた場合と、六〇％程度にしか見出されなかった場合とでは、どちらも理論的な説明は「あてはまって」いると判断されるかもしれないが、その意義にはかなりの差が生ずるであろう。

しかし、いわゆる統計的認識は、必ずしも固有の科学的認識のみに用いられるとは限らない。* 統計的データが、技術的・経営的な分野で利用される場合、理論構成の過程は必ずしも不可欠ではない。経験的データから帰納して、直接現実への「あてはめ」が行なわれ、具体的な行動決定が行なわれる場合も多い。このようなJ・ネイマンのいわゆる「帰納的行動」においては、有効な決定を下すことができれば、その理論的な説明、理由づけは必ずしも必要でない。例えばどの品種、どの処理方法が多くの収穫をもたらすかを知ることができれば、なぜある品種はより多くの収穫を生ずるかの理由は知らなくてもよいであろう。(勿論、そのような理由をはっきり知ることができれば、農業技術の上にも非常に有効であろうが。)

* 事実、「現状分析」が、単に抽象的理論の現実への応用あるいは検証という意味を離れて固有の意味をもつとすれば、それは広い意味での政治的ないし政策的な関心と切り離すことができないであろう。いわゆる計量経済学に関してはこのことは明白に主張されているが、それ以外いかなる立場に立つにしても、このことは否定できないと思う。

ところで、このような帰納的データからの行動は、つねに正しい適切な決定を導くとは限らない。「帰納的行動」は当然失敗をおかす可能性をふくんでいる。このような場合、行動の有効性をある程度保証するためには、同種の事例をまとめて扱って、その中に共通に現われる規則性に着目し、集団全体に対して少なくとも平均的にはある程度有効な行動が保証されるようにするのが、一つの考え方であろう。実際にこのようなことが可能であるためには、同じような決定の場が多数くり返されねばならない。それが現実のものとなったのは、近代的な大量生産の過程においてであったことも、すでにくり返し指摘されてきたところである。

このような観点から、統計的方法がしばしば「不確実性の下における行動決定の方法」として理解されるようになったのであった。しかしながら逆に、「不確実性の下における行動」において統計的認識がつねに有効であるとは限らない。行動決定が本質的にくり返しを許さないようなものであって、一度の過ちは致命的であるとすれば、同一事例の集団における平均的な性質は、あまり有効な行動の指針とはなり得ないであろう。そうしてこのような点から、現在では「不確実性下の行動決定」の理論が、逆に統計的方法の理解にいろいろな影響を及ぼしつつある。*

* 最近のアメリカにおいて統計理論の内部に主観主義的見解が強くなりつつある（Savage 等）のは、企業の行動の中のくり返しのできない部分までが研究の対象となりつつあることによるものであろう。それは具体的にはいわゆるベイズ流決定理論 Bayerian decision theory というかたちで現われている。

統計的認識において処理される変動性は、いわゆる不確実性なるものの特殊な場合にすぎないといえよう。このことは統計的認識の限界を考えるときに重要な意味をもつ。しかし、ただちにいわゆる不確実性なるもの全般を扱うような方法を確立しようと試みること、あるいは統計学をそのような方向へ解消させようとすることには疑問な点が多い。

6　いわゆる「大数法則」の意味

統計学の歴史を見れば、統計的認識の発達は何よりもこのような統計的認識の成功それ自身にもとづいているということができる。すなわち集団的認識の観点をとり入れることによって、個々の対象においては全く偶然的、不規則的と見られる現象のうちに、美しい規則性ないし秩序が発見せられたという事実が、統計的認識の概念を成立せしめたのである。この意味において、統計学史上におけるグラント、ズュースミルヒ、またとくにケトレーの行なった発見の意義は明らかであろう。

ところで、このような集団現象における規則性の発見は、このような規則性の考えられる理由の説明を要求した。いわゆる「大数法則」はこれについての一つの説明原理として成立したのである。従って統計学史上においては、統計的認識の確立と、いわゆる「大数法則」概念の成立とは不可分に結びついている。そこで次に、この「大数法則」について吟味しよう。

いわゆる「大数法則」なるものは、かなりあいまいな概念であるが、その意味するところを簡単に表現すれば、「大量観察によって集団現象の規則性が明らかにされる」ということになるであろう。ところでこのような命題には、実は二つの主張がふくまれていることが明らかである。すなわち一つは集団現象における規則性の存在、第二にそれが「大量観察」を通じて明らかにされることである。そうして実は後者、すなわち規則性の発見は、前者すなわち規則性の存在を前提にしていることはいうまでもないであろう。しかし、いわゆる「大数法則」は規則性の存在そのものについては、実は何も説明せず、ただそれを無条件に仮定しているにすぎない。*

* ケインズは、"Law of large numbers" という名は適当でなく、"stability of statistical frequencies" とでも呼ぶべきであろうと主張している（"*A Treatise on Probability*"）。

従って「大数法則」は、形式的にいえば「もし集団的規則性が存在するならば、集団的に観測することによって、その規則性が明らかになるであろう」という一種のタウトロギーを意味するにすぎないであろう。そうしてその中には、現実にはこのような集団的規則性が存在する場合が多いという主張も、暗黙のうちにふくまれているということができる。

しかし「大数法則」が形式的には同義反復であるにしても、数学的確率論における大数法則、すなわちいわゆる「ベルヌーイの定理」は、集団的規則性の現われ方の数学的定式化として、すなわち一つのモデル化として重要な意義をもっている。

「大数法則」が数学的確率論の形式で表現されるとき、そこには集団現象の規則性に関して、一つのいわば理想化された状況が想定されていることになる。数学的確率論によって表現されるような集団現象の構造は、ミーゼスのコレクティフ Kollektiv の理論によって定式化されたように、二つの条件を満たさなければならない。すなわち頻度の極限の存在、および任意の部分集団において頻度の極限が変わらないこと――いいかえれば、全体と異なる頻度をもつような部分集団を判別することができないこと――の二つである。このような構造はストカスティック（確率的）であると呼ぶことにすれば、数学的確率論は(大数法則と結びつけられている限りでは)、ストカスティックな構造をもつ集団にのみ適用できるといわねばならない。従って出生、死亡等の統計に現われた集団現象が、ある程度数学的確率論によってうまく表現され得たということは、これらの集団現象が、ほぼストカスティックな構造をもっていたためであると考えることができる。

人口現象、あるいはその他の現象に、多かれ少なかれストカスティックな構造をふくむ集団構造が発見されたこと、そうしてそれが数学的確率論というかたちで定式化されたことは、確かに統計学史上重要な発展であったということができる。

しかし問題は、このようなストカスティックな構造を、どの程度まで現実にあてはめることができるか、さらに現実にストカスティックな構造が想定される理由ないし根拠は何かである。また重要な問題点は、ストカスティックな構造とは、本来現実的にいかなる性質のものであると考えるかである。確率論のそもそもの発祥は、賭博のゲームからである。そこで問題にされたのは、サイコロ投げ、ルーレット等の本質的には物理的あるいは機械的な機構であった。従ってそこから想定されたストカスティックな構造の背後には、物理的あるいは機械的な構造のイメージがあるということができる。ところで一方、ストカスティックな構造のイメージを、社会現象に固有のものとして捉えることも考えられる。その場合には、社会現象における人間行動の不確定性が強調されることになる。統計学の社会科学における重要性が強調されるとき、社会現象の変動性、不確定性等が重視されることは、しばしば見られるところである。最近においても、計量経済学の文献では、ストカスティックな構造は経済現象に必然的にともなうものとされている。*

* 基本的な文献としてホーヴェルモー『計量経済学の確率的接近法』参照。また、O・ランゲ『政治経済学』は、経済現象のストカスティックな性質を、資本制生産の無政府性と結びつけて説いているが、私にはこの点、賛成できない。

しかし偶然的な変動を示す集団現象が、つねにストカスティックな構造をもつとは主張できない。ミーゼスはコレクティフの概念の適用可能性が経験的に確立された領域は、サイコロ、ルーレットのような賭博ゲーム、人口における出生、死亡等、生物における遺伝現象、統計力学における分子運動等の比較的限定された範囲であることを主張している。

私は、厳密にストカスティックな構造をもつと考えられる現象は、本来自然現象に限られるのではないかと思う。そして、社会的な意味をもつ現象についても、その現象がもっているストカスティックな構造自体は、自然現象と考えられる場合が多いと思う。例えば男女の出生比が 106：100 であるというような事実は、社会的な意味をもつ数字である。しかし男女出生のストカスティックな構造は、人間の生物学的な、あるいは生理学的な性質から生ずるものであって、いかなる意味においても、社会的な意味をもってはいないであろう。

逆にいえば、もし男女の〝生み分け〟が可能になり、従ってそれが社会的影響によって左右されるようになれば、もはやそれはストカスティックな現象とはいえなくなるであろう。（出生前の性別判定の技術が進んで現にこのことが起りつつある。）

これに対して本来の社会現象、すなわち人間の社会的な行動のうちに、ストカスティックな現象が見られるかどうかには疑問がある。確かに人間の行動には一定の法則によって完全に説明することはできないような不確定な要素、気まぐれな行動が存在する。しかし人間行動の不確定な要素が、厳密にストカスティックな構造をもつものとは考えられない。

実は、現実に観測される社会現象において、偶然的な変動とされるものは、多くの場合、人間行動の本来の不確定要素というようなものではなく、むしろ現実に追求すれば、取り出すことが可能であり、しかもその影響の意味もはっきりしているような、無数に多くの要因の影響の総和である場合が多い。例えば所得、家族数を一定としたときの家計の消費支出の変動は、家計主体の気まぐれ等によるものではなく、主として家族の趣味、健康状態、交際状況というような、それ自体としてははっきりした意味をもった原因の影響の総和であるにすぎない。このような変動が偶然的なものとされるのは、それが数え上げられないほど多くの原因からなり、しかも一つ一つの原因の影響はかなり小さいという理由にすぎない。このような偶然的な変動は、たしかに著しい規則的な変動は示さないであろう。しかしながら、それがどの程度まで、ストカスティックな構造と似た構造をもつといえるかは疑問である。従って社会現象が、直接的にストカスティックな構造をもつと見なし得るような場合は、ほとんどないといえるように思われる。

勿論、厳密にストカスティックな構造をもつとは考えられない場合でも、近似的にそれに近い構造をもつと考えられる現象については「大数法則」的な考慮がある程度有効になるであろう。このことは例えばケトレーの研究が、とにかく大きな収穫を得たという事実によっても明らかであろう。

しかしかりに、社会現象においても、ストカスティックな、ないしはそれに近い構造が存在するとしても、社会科学における「大数法則」の意義には一定の限界があるといわねばならない。

第一に、社会現象がストカスティックな構造をもつとしても、そのような構造は時間的あるいは歴史的に変化し、従って決して安定的ではないことである。そうして社会科学的分析の関心は一定時、一定の場所における集団現象のストカスティックな構造よりも、主としてその時間的な変化・発展のほうに向けられる場合が多いであろう。そうしてこのような発展は「大数法則」によっては説明し得ないものである。さらにこのような変化・発展は、単に集団内部の相対頻度が変化するというような静的、機械的なものではない。一見偶然的に見られた変動の中から、全く新たな質をもった要素が発生したり、あるいは古い質をもった要素が死滅したりするような、動的な過程こそが、社会の歴史的発展を特徴づけるものであり、そこでは「偶然性の必然性への転化」が行なわれるのであって、偶然性と必然性の機械的・形式的な区別にもとづく大数法則的な観念は、そこでは無力であろう。

第二に、社会現象が集団現象であるとするとき、集団全体すなわち一個の社会は、個々の現象、あるいは社会を構成する個人個人の単なる総和以上の意味をもっていることに注意しなければならない。このことは一個の社会が何らかの程度において一個の有機的な組織体であって、その意味で独自の運動法則をもつことを意味している。従って集団全体を表わす数字は、この場合個々の構成要素に関する数字の単なる総和という以上の意味をもつことになる。従って、かりに個々の数字の変動はストカスティックな構造をもっていたとしても、そこで規定されている状況は、確率論が想定しているような状況と、必ずしも一致しているとはいえないであろう。

ところで、サイコロ投げの場合、個々の試行はそれぞれ独立した意味をもつが、多数回の試行全体の集団というようなものは、単に個々の試行をよせ集めたものにすぎない。このような場合、「大数法則」によって明らかにされる規則性というのは、実は集団自体の固有の性質というよりも、集団を構成している個々の試行の性質にほかならない。対象が人間である場合でも、例えば身長というような量は、完全に各個人の属性であって、身長の値の集団は、単にこのような各個人の身長をよせ集めたものにすぎない。これに対してある人の賃金の月額の値を考えると、これは決してその個人の属性とは見なされない。それはむしろ社会全体の複雑な過程の産物である。従ってこのような賃金の値の集団、賃金総額、平均賃金等は、単なる個人の賃金の総和、平均等と考えるよりも、むしろそれ自体が直接一定の社会経済的関係を表現する量であると考えられる。この場合には、個人個人の賃金を見ることによって、平均賃金の大きさが明らかになるというよりも、むしろ平均賃金の大きさによって、個人の賃金が規制されてくると考えることができる。従ってここでは「大数法則」的な考え方は成立しない。

勿論この場合でも、平均賃金を具体的に求めるには、個人個人の賃金を観測するより以外に方法はないし、また、その場合、正確な値を得るためには、なるべく多くの対象を観測すべきであるということも、疑いない事実である。しかしながらそのことは、集団現象における規則性のあり方を規定した「大数法則」とは別のことを意味しているといわねばならない。

7　いわゆる統計的推論

ところで統計的認識は、現在ではしばしば統計的推論 statistical inference という言葉で定式化されている。統計的推論ということを、広く、一般に統計的データから、そのふくんでいる情報を抽出、表現する方法と考えれば、その中にはいわゆる記述統計学と呼ばれる部分もふくまれることになる。しかしここではいわゆる推計学とも呼ばれる、通常のせまい意味での推測理論、すなわち対象についての確率モデルを想定し、それに厳密な数学的理論を適用して結論を導く方式についてのみ考えることにしよう。ただ、いわゆる「記述」も「推測」もデータの分析という点からは、本質的に対立するものではないことは、強調しておきたい。

ところで、いわゆる「大数法則」による、確率論の現実への応用のあいまいな形式に比較すると、「確率モデル」の考え方には次のような点が指摘される。すなわち一応モデルの世界を、現実の世界からは多かれ少なかれ抽象化された世界として、しかもそれ自身一つの完結した論理をもつ世界として構成することによって、確率論的図式の応用の形式が明確にされている。モデルは、現実をとにかく反映したものでなければならないことは当然であるが、しかしそれは現実そのものではなく、現実から何らかの程度の距離をもつものであることが認められている。確率論的図式は、ここではもっぱらモデルの世界に属するものであり、それは現実の偶然的な変動をいわば理想化したかたちで反映したものであるといえよう。

「モデル」と「現実」との距離の存在は、非確率論的なモデルについては自明のこととされているにもかかわらず、「確率モデル」についてはしばしば無視あるいは否定されている。しかし現実にその存在を否定することは、実際上意味のない結論を誤って適用するか、あるいはモデルを用いることの有効性を過小評価することになるであろう。

モデルと現実との距離は大きい場合もあり、小さい場合もある。それがどの程度のものであるかは、モデルの世界での論理から得られた結論を現実に適用する場合の、信頼性あるいは有効性に影響する。しかし距離の存在が、直ちにモデル分析の有効性を無にするものではない。

ところでモデルの設定は、現実とのある程度の距離の存在を前提にしてなされるのであるが、実はその距離がどの程度であるかも、現実のデータとの関連においてはじめて決定することができるのである。(もし、あらかじめどのような点でどの程度の距離が存在するかがわかるならば、モデルを変えてその距離をなくすることができるであろう。)このことは「確率モデル」自体が、一つの仮説を表わしているというように理解することもできる。R・A・フィッシャーが母集団の仮説的な性質 hypothetical character を強調していること、また「仮説検定論」を重視し、しかもそこでは仮説を母数に関する仮説としてのみ考えず、分布自体に関するものと考えていることは、この点と関連して理解すべきであろう。

モデルと現実との距離について最も注目される点は、現実において偶然的なものとされる変動が、どの程度まで純粋に形式化された偶然現象、いわゆるストカスティックな構造によって表現されるかである。「確率モデル」を用いることが妥当であるか否かは、この点にかかっているといえよう。実験計画法におけるランダム化、あるいはランダムな標本抽出は、このような距離を埋めるために考えられた手段である。しかし実際に、偶然変動とされた部分が、真にストカスティックなものであるか否かには疑問があっても、そのことが直ちに確率モデルの有効性を否定するものではないことは、さきにのべたところから明らかである。

ところで、実際にモデルと現実との距離はいろいろな面で現われ得る。すなわち取り上げられた要因の影響を表わす「系統的な」部分の函数形の問題（線型性、加法性）、偶然的とされた部分ははたして確率的と考えられるか（系列相関の存在等）、確率変動の分布型の問題（正規性の仮定等）等がすべて考慮されねばならない。そうしてモデルの設定においては、これらのいろいろな点において、現実との関係が十分バランスのとれたものになっていなければならない。特定の問題のみを必要以上に詳細に吟味して、その点だけでモデルを精密化しても、無意味であるのみならず、かえって現実との関連について誤った印象をあたえる恐れがあるであろう。

またモデルと現実との距離は、モデルから得られた結論を現実に適用する場合にも考慮しなければならない。それは単に、過度に精密な結論を求めても意味がないとか、結論の有効性と、適用の範囲に注意を払わねばならないとかいう点のみならず、実は統計的推論の諸形式の、いろいろな基準の比重の判断にも結びつけて理解しなければならないことを意味するのである。

ところで、現在のいわゆる推定、検定等の統計的推論の方式は、ガウス、ラプラスからカール・

ピアソンまでの間に定式化され、R・A・フィッシャーによって精密化され、ネイマン - ピアソンによって一つの数学的形式を与えられたものである。しかし最近になって、それが必ずしも現実の問題に対して十分適切なものとはいえない面をふくむとともに、論理的な難点をも生ずることが明らかとなった。フィッシャーとネイマンの間の論争もこの点に関係している。（この点については、フィッシャー『統計的方法と科学的推論』およびその訳者解説を参照。）

このような状況の下で、最近では、事前分布の存在を仮定して事後分布を計算する、いわゆる "Bayesian" の立場が復活しつつある。この場合、問題となるのは事前分布の想定である。そこには、何らかのかたちで論理的・公理的に事前分布の型を設定する場合（ベイズ - ラプラス、最近ではジェフリース）と、それは主観的なものであるとしてその存在だけを仮定し、その厳密な形は前提しないで論を進める場合（サヴェージ、リンドレー）がある。しかしいずれの場合にも、その論理に主観的ないし恣意的な要素がふくまれることになるので、科学的研究の方法として、このような方向が適切なものといえるかどうかは疑問である。

とくに Bayesian の立場からすれば、いわゆる推定、検定等の推論の方式は実は不用になる。このことは一面では問題を簡単化するが、しかしこれらの推論の方式が、統計的データの処理に客観的な意味をもった方式を与えようとする努力の結果、作り出されたものであることを考えれば、それらを捨て去ることが簡単に正しいとはいえないであろう。

いずれにしても、現在、統計的推論の数学的理論は一つの限界に達しているように思われる。これ以上の発展がどのような方向になされるであろうかについては、まだはっきりとはわからない。ただここでモデルと現実との関係にもう一度帰って、確率モデルの定式化自体から反省することが必要であると思われる。そうして今後、単に一般的な統計的推論のみでなく、それぞれの現実のデータの特質に対応した理論が必要とされるであろうと思われる。いまや各分野にそれぞれ適した固有の手法が開発されねばならない段階に達していると思う。

8　統計的認識の位置づけ

統計的方法の応用は、現在きわめて広く行なわれている。しかし他面からいえば、統計的認識は一つの危機に立っているということもできる。それは統計的認識あるいは統計的な観点の自立性が失われつつあるという点に見ることができる。経営あるいは工学に応用されるオペレーションズ・リサーチにおいては、統計的手法も使われるが、数理計画法、応用確率論のほうが中心的な位置を占めている。経済分析においては、統計的データは広く利用されているが、しかし分析の手法としては、国民会計計算、産業連関分析、線型計画法のような、本質的には統計的な観点をもたない方法が重要になっている。

統計学の内部から見ても、社会科学における統計の意味づけを中心的な課題としたいわゆる社会統計学は、その中心をなしていたドイツにおいて現在ほとんど見るべき発展を示していない。また今世紀前半来、華々しい展開を見せた英米の数理統計学も、いまや一つの壁にぶつかっている感じが否定できない。このことは統計的認識の比重の低下と直接結びついている。

たしかに、統計あるいは統計的データは、あるいは統計数字の統計的認識は、数量的データにもとづく分析において、唯一のものでもなければ、それのみが有効なものでもない。技術的な応用においても、自然科学的な認識においても、社会科学的分析においても、統計的でないデータ、あるいはデータ数字の統計的でない観点からの利用が、有効性をもつことは否定することはできない。統計的認識の有効性が、科学的認識の発展段階に応じて、また資本主義社会の歴史的発展段階に対応して、一定の制約をもっていることは、すでに指摘したとおりである。統計学はこの事実を率直に認めるとともに、むしろその制約の本質を理論的に明らかにしなければならない。

統計的認識のこのような制約に対応して、問題をより一般的に科学的認識の数量的方法という観点から理解しようとする試みは、現在いろいろなかたちで行なわれているように思われる。「数学的帰納論理」「不確実性下の人間行動の理論」「サイバネティックス」、あるいは「社会科学の数量的な分析の理論」、またある意味で「計量経済学」等は、すべてこのような研究のいろいろな方法を表わしている。私はこのような研究の意義を否定するものではない。しかし統計的認識を、より一般的な数量的な方法の一部にふくめようとする試みの成否はともかく、集団性の概念に基礎をおく統計的認識の特質と、その限界を明らかにすることは、一つの固有な分野として統計学の課題である。それはより広い体系の中でも、決して重要性を失うものではないと思う。

これまでのところ、統計的認識の形式的側面の解明については、数理統計学の発達が大きな成果をあげてきた。しかし統計ないし統計データの主体および対象の面から生ずる実体的な側面の理論的解明は、必ずしも十分ではなかったように思われる。少なくとも実体的な側面と形式的な側面とを統一的に吟味することは、きわめて不十分なかたちでしか行なわれていなかったように思われる。そのことは単に観念的な理論としてではなく、どのような問題には、どのような分析手法が適切であるかというような具体的なかたちで行なわれなければならないのである。

さらに、統計、あるいは統計データの意味、統計的認識の科学的認識一般の中に占める位置を、個々の科学分野に応じて理論的に吟味しなければならない。すなわち統計的方法によって、何を知ることができ、何を知ることができないかを、それぞれの分野に応じて具体的に確認することが必要である。例えば経済学において、統計的分析は何を意味するかを、経済学の理論体系との関連において、明らかにしなければならない。私は、統計的分析は本質的にはいわゆる「現状分析」であり、その意味づけは「現状分析」と「経済理論」ないし「原論」との関連において考えられねばならないと思う。そうしてその関連における一つの例として、「統計的範疇」と「理論的範疇ないし概念」との関係をどう考えるか、また抽象理論上の概念がそのまま統計の上に表われることはないということを前提にした上で、経済学の視点から「統計的範疇」をどのように構成すべきかというような問題が、もっと立ち入って考察されるべきであると思う。しかしそれは抽象的・一般的な議論としてではなく、具体的な概念、例えば「人口」の分類というような問題について具体的に考えられねばならないと思う。

第5章　確率モデルによる分析と予測の問題

1　モデル分析の簡単な例

計量経済学による分析においては、確率モデルを設定して計算を行なうのがふつうである。まずそれを一つの簡単な状況について説明しよう。

一つの経済量(例えばある商品の需要量)を Y とし、これに影響を与えると思われる量を $X_1 \cdots\cdots X_p$ (国民所得、世帯数その他)として、まず Y が $X_1 \cdots\cdots X_p$ の函数として与えられるものと想定する。それを抽象的に

$$Y = f(X_1 \cdots\cdots X_p)$$

と表わすことができる。ところで一般的には $X_1 \cdots\cdots X_p$ が与えられても、Y に影響を与える要因は他にいくらでも考えられるであろうし、それらをすべて上げることは現実に不可能でもあるから、それらの原因をひとまとめにして u と表わす。u は数多くの原因による影響の合成されたものであり、個々の原因はいずれもいわば偶然的なものであって、また一つ一つの影響はそれほど大きくないと考えられるから、そのいわば和である u は確率的に変動する、全く偶然的なものと考えてよ

いであろう。そこでこれを式に入れると

$$Y=f(X_1\cdots\cdots X_p,\ u)$$

となる。

ところで、ただ一般的に Y を $X_1\cdots\cdots X_p$ および u の函数として表わしただけでは、これから意味のある結論を導くことがほとんどできない。しかし一般には f がかなり〝規則的な〟変動を示すことができると考えられるから、それを適当な簡単な式で近似できるものとして、一次式

$$Y=\alpha_0+\alpha_1X_1+\cdots\cdots+\alpha_pX_p+u$$

あるいは、対数一次式

$$\log Y=\alpha_0+\alpha_1\log X_1+\cdots\cdots\alpha_p\log X_p+u$$

あるいは場合によれば、それよりやや複雑な二次式

$$Y=\alpha_0+\alpha_1X_1+\cdots\cdots+\alpha_pX_p+\beta_1X_1^2+\cdots\cdots+\beta_pX_p^2$$
$$+\gamma_{12}X_1X_2+\cdots\cdots+\gamma_{p-1,\,p}X_{p-1}X_p+u$$

等で表わす。そうしてこの式に現われる $\alpha_0, \alpha_1, \cdots\cdots, \alpha_p$ 等は未知の母数であるとして、データから数理統計学的手法を用いて推定する。そうして推定された値から、Y と X の関係について判断を下したり、あるいは未来の X の値に対応する Y の値を予測したりするのである。

さて、このようないわば標準化された分析において事実上最も重要な意味をもつのは、モデルを選択すること、すなわち Y に影響を与えるものとして、どのような変量をえらぶか、またその関

係式にどのような形を想定するか、また誤差項 u の分布に関してどの程度のことを仮定するか（例えば正規分布を想定するか、それとももっとゆるい仮定だけをおくか）等の点を決定することである。この点は当然、経済学等の理論にもとづいて行なわれなければならないが、しかし他面では、上のような点について細かく論理的に導くことができるような〝理論〟は存在しないのがふつうである。

従って、一定の統計的モデルを科学における〝仮説〟と見なして、それを現実のデータに照らして検証し、もし矛盾が明らかなれば、それを捨てて他の仮説をさがし、もしデータと矛盾しなければ、さしあたってそれを正しいものとして母数を推定する——というような説明が教科書で与えられることがあっても、それは現実には適合しない。科学的な理論から導かれる〝仮説〟は多くの場合、せいぜい他の条件が変わらなければこれこれの変数にこれこれの要因が影響を与え、その影響が一定の方向にあるだろうということを意味する程度であって、それが一次式になるか二次式になるかなどということが導かれること、いわんや誤差項の分布型まで規定されるというようなことはほとんどあり得ないであろう。

例えば、c を家計の（例えば一ヵ月の）消費支出、y を家計の所得とするとき、

$$c=\alpha+\beta y+u$$

という形のモデルが仮定されることが多い。このようなモデルの背後には、もし他の条件があまり変わらない、つまり比較的均質な家計についてみれば、消費支出は主として所得の大きさによって

決まるであろうという、経済理論（あるいは常識的判断）がある。しかしこれだけでは、消費支出が所得の一次函数になるということは導かれない。勿論、家計の財の選択について数多くの仮定をおいて、消費函数が一次式になるという結果を導くような〝理論〟を構成することはできるであろうが、このような理論は、その前提を検証することが、消費函数の計測を行なうよりもはるかに困難になってしまい、しかもそれから得られるところは少ないという点だけからも、あまり意味をもち得ないであろう。

従って、一次式のモデルが仮定されるのは主として経験的な理由によるものである。消費函数がほぼ一次式で表わされるということは、これまで数多くの例について、実際に知られているところである。従ってまず一次式を想定することは（データに照らしてそれが十分うまくあてはまらないことが明らかとならない限り）、十分合理的であるように思われる。

しかし、それが全く経験的なものであるとはいい切れない。というのは、消費と所得の関係がほぼ一次式で近似できるとしても、それは他の形の式を排除するものではないからである。とくに消費函数ほど経験的知識の蓄積がなされていない分野では、積極的に式の形を定める理由は少ないにもかかわらず、一次式の関係式が想定されることが少なくない。

その場合一つの理由は、モデルはできるかぎり簡単なほうがよいということである。勿論、何が〝簡単〟かということは容易に答えられない問題である。一次式のほうが対数一次式よりどういう理由で〝簡単〟といえるのであろうか、あるいは対数一次式は、二次式より一層簡単なのだろうかということには、それだけでは結論は出せないであろう。

この場合、モデルの選択にあたってのもう一つの論点は、理論的あるいは応用上意味のある量が、モデルにふくまれる母数となるべく簡単な関係で結びつけられることが望ましいということである。例えば消費函数の場合、限界消費性向 dc/dy が、重要な意味をもつことが多い。一般に、dc/dy が y の値と無関係に一定であるということが理論的に示されることはないであろう。しかし少なくともそれがかなり安定的であることが、限界消費性向なる概念が意味をもち得るためには必要である。そのような場合には、この値が一定であるとするモデルがもし経験と矛盾しないならば、(同じく経験に矛盾しない) 他のモデルより好ましいと思われる。このことは結局

$$c=\alpha+\beta y$$

となることを意味する。これに対して、もし弾力性 (所得の一%の増加に対して、消費は何%増加するかを表わした値) が重要であるとすれば、まず第一に考慮すべきものは弾力性一定、すなわち

$$\frac{dc}{dy}\Big/\frac{c}{y}=\beta$$

すなわち　$\log c=\alpha+\beta\log y$

という形のモデルである。すなわちモデルの選択にあたっては、理論から演繹された結果というよりも、逆に理論的展開の便利さという点が基準になることが多い。

現実のモデルの選択においては、経験に矛盾しない限りで〝簡単な〟モデルが望ましいとされる

とき、モデルの簡単さということは、その式自体よりも、むしろその式を展開することによって得られる結論が簡単な形で現わされるという観点から考えられねばならない。

しかしいずれの場合でも、モデルが（たとえ偶然変動を除いたとしても）いわば真の関係式に対して一つの近似を与えるものにすぎないことは、はじめから前提されている。というよりも、ここでは〃真の関係〃などというものはいわば一つの架空の構成物にすぎないのであって、実際に意味するところは、同じような条件のデータの平均をとれば、それがほぼ一定の関係式を満たすであろうということにすぎない。

この点では、理想的な状態（例えば真空状態）には厳密な真の関係が成り立つことを想定する物理学、例えばニュートン力学の場合と、計量経済学その他の応用統計学上の モデルの場合は、本質的に異なっている。例えばニュートンの万有引力の法則の場合

$$F=km_1m_2/r^2$$

F＝引力　m_1m_2　二つの物体の質量　r　二つの物体の間の距離

という関係は、つねに厳密に満たされるものであって、実際の観測値がこの関係を精密に論じていないとすれば、その差は純粋な観測誤差によるものとされる。そうして引力定数 k は、理論からはその値が与えられないが、しかしそれは、いついかなるところでも一定であるとされている。理論がこのように精密なかたちで与えられる場合には、実は一般には統計的方法は不要である。問題はせいぜい定数 k の値を精密に測定することだけであって、式の〃あてはめ〃をする必要はない。

そうしてこの場合、理論の検証はこのような関係式を直接観測データにあてはめることによってではなく、むしろそのような理論から導かれる結論が、ケプラーの法則をはじめ多くの経験的に確立された法則に一致する、すなわち多くの経験的事実に統一的な説明を与えるということによって、なされたのである。

統計的方法、統計的モデル分析が有効に行なわれるのは、むしろこのような厳密な理論が構成されるにいたるほど、研究が十分進んでいない分野か、あるいはデータの性質上、理想的な状態を想定することができないような場合に限られているといってよい。

さらに統計的モデルにおいては、実は関係式が近似的にせよあてはまるのは、一定の限界内であることが前提されていることも、ニュートンの法則などとは著しい相違である。時間の経過とともに、あるいは説明変数、例えば所得水準に大きな変動があれば、母数、例えば限界消費性向も変わるだろうということは、少なくとも暗黙のうちには想定されている。従って、例えば消費が所得の一次式として十分よく近似されるのは一定の限界内であることも、実際には仮定されていることなのである。この点は統計的法則は、例えば摩擦力や弾性についての法則に似ている。これらも一定の限界では、例えば加えられた力に比例することがいえるが、しかしその限界がどこにあるかについては、経験的にのみ知られるものであって、理論的には導き得ないものである。従って統計的モデルを外挿に用いることには慎重でなければならない。

2　モデル選択の問題

ところで実際の分析においては，ある特定の量 Y に影響を与えるであろうと思われる量は数多くあるので，その中からいくつかをデータから経験的にえらび出すというのがふつうである。すなわちモデルをいくつか想定して，その中から最もあてはまりのよいものをえらぶということが行なわれる。このような過程は，モデルについて検定や推定を行なう場合の確率計算の前提を歪めることになり，あまり数多くのモデルを機械的にあてはめると，いわばまぐれ当たりのために理論的に無意味な式があてはまりがよいということが生じ得るが，それだからといって一概に否定すべきことではない。

しかしこれに関連して，いくつかの誤解されやすい点に注意しておかねばならない。まず，一次式のモデルにおいて，ある変数の係数を検定し，もしその係数が0であるという仮説が棄てられないならば，その変数をモデルから除くということが行なわれることがあるが，これは論理的には正当ではない。というのは，一般的に母数が0という仮説が棄てられないということは，母数が0かもしれないし，0でないかもしれない。どちらともはっきりいうにはデータが不十分だということを意味しているにすぎないからである。

第二に，式の中にいくつかの説明変数がふくまれている場合，個々の変数の個々の係数の意味はあまり明確でない場合がある。とくにいくつかの説明変数が全く独立には変動し得ないような場合には、個々の係数をそれぞれの要因の影響を別々に表わすものとはいいにくい場合が少なくない。このような場合、理論的な分析のためのモデルは、十分注意深く構成されねばならない。これに対してもっぱら予測のためのモデルでは、式の意味よりもあてはまりのよさのほうにもっぱら注目すれば十分である。ただし他面、予測のモデルの選択に当たっては説明変数自体が容易に予測ないし予知し得るものでなければならないという制約が生ずる。また外挿の危険には十分注意しなければならない。

第三に、因果関係の方向ということは、データから検証することは一般に不可能であり、その点はあらかじめ態度を決定しておかねばならない。

例えば、賃金上昇率を$\dot{w}$、物価上昇率を$\dot{p}$とし、〝物価上昇が賃金上昇の原因である〟と考えて、

$$\dot{w}=\alpha+\beta\dot{p}+u$$

というモデルを考えても、逆に〝賃金上昇が物価上昇の原因である〟と考えて

$$\dot{p}=\alpha'+\beta'\dot{w}+u'$$

というモデルを考えても、どちらもデータに同じ程度よくあてはまるであろう。従って、どちらの考え方が正しいかをデータから検証することはできないことになる。

これは実は、一般に〝因果関係〟というものを現象から導き出すことはできない、ということを表わす一つの例にすぎない。客観的に観察される事実としては、AがBの原因であるということは、AとBが同時に起こる、あるいは非対称性があるとしても、BがAより後に起こるということを意

味するにすぎない。前者の場合は勿論、後者の場合でもただそれだけでは因果関係ということを結論づけることはできない。因果関係の存在をはっきりいうには、Aがいわば独立に変化することができ、それにともなって、Bが変化するのであって、その逆ではないということを立証しなければならない。そうしてそれを立証するためには、特定の理論から論理的に展開するか、あるいは実際に実験を行なわねばならない。

ところで賃金と物価の上昇などということについては、少なくとも統計データに現われる限り、二つの現象は同時に起こっているので、時間的前後関係によって因果の方向を定めるということはほとんど不可能である。この場合実験を行なうこともまた不可能であるから、結局そのどちらが正しいかは、その二つの命題を導き出す二つの異なる経済理論体系の正しさによって決まることになる。そうして二つの理論体系の経験的検証は、それぞれの理論から導かれる他の経験的に検証可能な命題を通じてなされねばならない。しかし一般には、このことは簡単明瞭なかたちでは行なわれないし、どちらが原因でどちらが結果かというようなことが、それだけでは原則的に経験的に検証できないことであることが見失われて、議論が混乱することが少なくない。しかも実際には、賃金上昇が物価上昇の原因であるという説は、賃金を直接コントロールすることによって物価上昇を抑えたいという政策的意図と結びついており、他方、物価上昇のほうが先だという説は賃金ストップに反対という意図をもっている。そうしてそれぞれの立場が、〝科学的根拠〟を求めて上のようなモデルを作って自分の立場の正しさを立証しようとする場合が多い。従ってここで真の問題は〝賃金ストップ政策によって物価上昇を抑えることができるか〃ということであり、それが可能であるということが経験的に実証可能であるためには、過去にそのような政策が実際に行なわれていなければならない。あるいはそのことが経済理論的に確かめられた後に、はじめて〃賃金上昇が物価上昇の原因である〃ということがいえるわけであり、その後はじめて上のようなモデルから、例えば賃金上昇率を何パーセントに抑えれば物価上昇を止めることができるかということについて、見通しが得られることになるのであって、モデルが先にあって、それから政策の可能性が示されるというわけではない。

この点は一般にいわゆる〃政策モデル〃の構成に際して注意すべきことである。すなわち、政策変数が、目的とする量に対して因果関係があるということをまず前提にした上で、モデルを作りデータからその効果の大きさを測定することが可能になるのであって、その前提自体はデータから確かめることは一般にはできない。勿論効果の大きさがゼロ、従って無効ということが明らかになることはあり得るが、効果の推定値が大きいというだけでは、効果が実際にあるということを明らかにしたことにはならないのである。

しかし予測について考えるときは、この問題に対して別の考え方をとることができる。すなわち、とにかく賃金上昇と物価上昇との間に密接な関係があるものとすれば、その一方の値がわかったとき、他方を予測することができる。すなわちこの場合、もし賃金上昇率が何らかのかたちですでにわかっているとすれば

$$\hat{p}=\hat{\alpha}+\hat{\beta}\hat{w} \qquad (\hat{\alpha}\ \hat{\beta}\ \text{は推定値})$$

から物価上昇率を予測できるし、逆に $\hat{p}$ がわかるならば

$$\hat{w}=\hat{\alpha}'+\hat{\beta}'\hat{p}$$

から $\hat{w}$ を予測することができる。従ってモデルは予測の方向に応じて選択してもよい。(形式論理的に厳密にいえば、真の因果関係の方向に応じてモデルは決められるべきであるということになるが、しかしモデルがいずれにせよ現実の近似にすぎないことを考えれば、この点をやかましくいう必要はない。)

3　同時方程式モデル

ところでいわゆるエコノメトリック・モデル、とくに国民経済全体を対象としたいわゆるマクロモデルにおいては、上記のような簡単な因果関係でなく、多くの変量が均衡関係によって同時に決定されるかたちになる、いわゆる同時方程式モデルが用いられる。

すなわち p 個の経済量 $Y_1\cdots\cdots Y_p$ について、相互の均衡関係を表わす p 個の式

$$f_i(Y_1\cdots\cdots Y_p)=c_i \qquad i=1\cdots\cdots p$$

を考え、これらを同時に満足するものとして $Y_1\cdots\cdots Y_p$ が定められるとする。ところで、これらの関係はさらにいくつかの量 $Z_1\cdots\cdots Z_q$ によって影響されるものと考え、結局

$$f_i(Y_1\cdots\cdots Y_p,\ Z_1\cdots\cdots Z_q)=c_i \qquad i=1\cdots\cdots p$$

という式を考える、さらに偶然変動を考慮して

$$f_i(Y_1\cdots\cdots Y_r,\ Z_1\cdots\cdots Z_q,\ u_i)=c_i \qquad i=1\cdots\cdots p$$

とすれば、最も一般的な形でモデルが表わされたことになる。ところで実際には、このような式は一次式で近似されるものとして

$$\sum_j \beta_{ij} Y_i + \sum_k \gamma_{ik} Z_k = u_i \qquad i=1\cdots\cdots p$$

という形の連立一次式モデルを想定するのがふつうである。このようなモデルについての統計的推定その他の問題はエコノメトリックスの教科書にくわしく説明されている。

このような同時方程式モデルによる分析や予測は、最近では政府をはじめ金融機関や企業などでも、しばしば実際に用いられるようになっている。しかし、この場合には、どのようにモデルを構成するかの問題は、一つ一つの方程式について考える場合よりも一層複雑になる。そこには理論的な観点と経験的なデータによる部分とが微妙にからみ合ってくる。以下、この問題についてなお、やや立ち入って考えたい。

マクロモデルに即して問題を考えるとき、方程式体系の全体の構成についての問題と、個々の方程式についての問題を区別しなければならない。まず前者から吟味しよう。

いうまでもなく、マクロ方程式体系が、同時方程式体系という形をとるとすれば、それは決して単にいくつかの回帰方程式を並べたというにとどまるものではない。それはいくつかの経済関係の

均衡を表現したものにほかならない。従ってそこでいかなる均衡の場が想定されているかが、モデルの設定における最も基本的な視点であるといわねばならない。実際そもそもマクロモデルなるものは、

総需要＝総供給

あるいは

総支出＝総所得

なる均衡関係にもとづく、ケインズ流の所得決定理論を前提として作り出されたものであった。現在においても考え得るマクロモデルは、必ずしもケインズ流の所得決定理論のみと結びつくとは限らないが、何らかの意味で、国民所得レベルにおける均衡関係が、中心的な位置を占めなければならないであろう。

いま、いわゆる国民所得の三面等価を考慮すれば（資本減耗分等はさしあたって無視して）、

国民総生産＝国民所得＝国民総支出

という等式が成立することはいうまでもない。いま国民総生産を V で表わし、また生産所得（付加価値）を X，分配所得を Y，支出を Z，とし，それぞれの中で内生的に決定される部分の大きさを X_0，Y_0，Z_0，外生的に決定される部分の大きさを $\overline{X}$，$\overline{Y}$，$\overline{Z}$ とすれば

$$V=X_0+\overline{X}=Y_0+\overline{Y}=Z_0+\overline{Z} \qquad (1)$$

となる。

そうすると、この関係式(1)において、内生的に決定される量は V, X_0, Y_0, Z_0 の四つ、関係式は本質的には三つ存在しているから、あと一つの関係式を導入することによって体系は閉じられることになる。そうして、ここで考え得る関係式はいろいろあるであろう。

例えば、古典派的な完全雇用を前提にすれば、生産所得は設備および労働の存在量によって決定されることになるであろう。すなわち K を資本、L を労働の存在量として

$$X_0=f(K, L) \qquad (2)$$

と表わすことができるであろう。K, L は特定の時点では与えられたものと見なすことができるから、これによって体系を閉じたものとすることができる。

一方、ケインズ理論によれば、内生的支出は分配所得によって決定される。従って

$$Z_0=g(Y_0, \overline{Y}) \qquad (3)$$

これと(1)とから、すべての内生変数が決定されることになる。

いうまでもないことであるが、例外的な場合を除けば、(2)と(3)を同時に満足するような内生変数の値の組は存在しない。すなわち現実に対して想定されるモデルにおいて、(2)と(3)の双方をふくめた方程式体系を設定することはできない。

従ってモデル・ビルディングにおいては、生産函数(2)か支出函数(3)かのいずれか一方のみを選択しなければならないということになる。そうしてどちらを選択するかは、経済理論上のいかなる立場をとるかによって決定される。あるいは現実の経済がいかなるものであると考えるかのビジョン

によって決定されるといってもよいであろう。

生産所得，分配所得，総支出がいくつかの範疇に分割される場合にも，事情は全く同じである。このような場合に，諸種の所得あるいは支出，あるいは付加価値に対して想定し得る関係式は数多く存在するであろう。しかしこの場合に，もしそれらをすべてモデルにとり入れてしまうならば，モデルは過剰決定，すなわち方程式の数のほうが内生変数の数より多くなってしまうであろう。国民所得の均衡式(1)を成り立たせるために，それらのうちの若干は，ことさら除いて考えねばならない。そこで，いかなる関係式を排除するか，いいかえれば，どの要素を残差として，すなわち他の部分から自動的に定められるものとするかについて，一定の理論的なビジョンが必要になるのである。

このようなことから，若干の点が明らかになる。一つは，モデル分析においては，いくつかの異なる理論を同時にとり入れることはできない。もしそうしようとすれば，体系は過剰決定になってしまうということである。これはある意味では自明のことであるが，しかし現実には，一つの理論体系にもとづいてモデルを構成することが，必然的に他の理論体系を排除するという点で，注意を要するところである。ときにいわれるように，モデル分析そのものは理論的に中立な，全く技術的なものにすぎないという主張は，全くの誤解によるものでなければ，一定の理論的立場にもとづくモデルを，全く客観的な正当性をもつものであるかのように見せかけるための強弁でしかないだろう。同時に他面からいえば，このことはモデル分析の方法自体の理論的中立性をも意味するものである。すなわちモデルを作ること自体は，決して一定の理論的立場と直結するものではないのである。

4　理論的判断とモデルの整合性

しかしより立ち入って考えると、この点は経済理論というものの性質について、いろいろ微妙な点を示唆しているように思われる。まず、いわゆる理論の中には、いかなるモデルとも両立し得る、従ってまたモデル決定にはほとんど役に立たないレベルのものもあるであろう。例えばn個の経済主体とm個の財があって、その財の需要供給の一般的均衡によって全体の体系が決定されるというような議論は、具体的なモデルとは結びつかない。勿論、一般均衡論というような一つの考え方の上では、モデル分析に影響を与えるといってよいかもしれない。しかしそれはどのようなモデルをえらぶかという点については、ほとんど何らの示唆をも与えないであろう。

マルクス経済学についても事情は同じであって、モデル分析はマルクス経済学と矛盾するものではないと同時に、またマルクス経済学の原理論のレベルでの理論は、モデルの選択には有効な指針を与えないであろう。マルクスの再生産表式が、モデル分析といかなる関係にあるか、また現にそれがカレツキーその他のモデル分析に直接の指針となったのではないかということを立ち入って論ずることはできないが、私は抽象的なレベルで設定された再生産表式論を、現実のモデル分析というレベルに直接結びつけることは誤りであると思う。第一部門・第二部門の需給均衡を基本的な関係とする再生産表式論を、直接具体的にモデル化しようとすれば、資本の操業度をつねに一〇〇%とした、生産力中心のモデルとなってしまって、マルクス経済学全体が示唆する資本主義経済の複雑で、ダイナミックな性格は全く無視されてしまうことになるであろう。

モデル分析において有効な指針を与える理論とは、結局、現実の経済において作用している、あるいは作用すると思われるあらゆる力関係を満遍なくとり上げ、現実はそれらすべての均衡関係で決定されるというようなことをのべているようなものではあり得ないだろう。またそれは経済関係における本質的なものを分析し、現実にはそれはいろいろな形、いろいろな方向に現われるというようなことを主張するものでもないであろう。現実に作用し、互いに拮抗しあう諸力の中から、支配的なものはどれであるかを明らかに指示するような論理をふくむものが、現実のモデル構成に有効な指針を与えるのである。国民所得の水準を決定するのは、一方では供給力であり、一方では需要であるというのは、正しいことは確かである。しかしどちらがより重要であるかを明確にすること、すなわち少なくとも短期には需要が決定的であることを明確に主張することによって、はじめてケインズ理論はモデル分析への道を開いたのであった。

現実に作用する諸力の中から、何が決定的であるかを確かめることは、一方では経済そのものの現状認識である。ケインズ経済学が不況の経済学でないにしても、それが大不況の状況の中から生まれたものであること、すなわち供給力ではなく需要の不足こそが低い国民所得をもたらしていることが明白になったところに成立したものであることは間違いない。しかし、それは単に経験的な知識のレベルにのみとどまるものでもないだろう。やはりそれは一つの論理的な体系として構成されなければならない。たとえばケインズ理論では、需要不足は限界消費性向が一より小さいということで〝説明され〟ねばならなかったのである。

この点は注意すべきもう一つの点と関連する。というのは、モデルを構成する指針となるべきいくつかの理論体系が存在したとき、それらが論理的には相互に排反的であっても、現実のデータへの適合度という点では、必ずしも二者択一的でないということである。すなわちある種の理論から導かれるある種のモデルは現実のデータと矛盾するという理由で捨てられるとしても、現実と矛盾しないモデルは一般に決して一つではなく、いくつもあるであろう。そうして、現実に矛盾しないモデルはつねに正しい、あるいは〝誤り〟でないということはできないのである。

例えば、さきの例について

$$V=X_0=f(K,\ L)\ （生産函数）$$

というモデルを作ったとすれば、これは明らかに大不況期のデータにはあてはまらなくなり、従って棄てられねばならないであろう。ところで、他方

$$V=Z_0+\overline{Z}$$

$$Z_0=g(Y)$$

あるいはもっと具体的に、

$V=C+I$　　C 消費支出　　I 投資支出

$C=\alpha+\beta V$

というモデルを作れば、これは未開発国にもあてはまるであろうか。データについての適合度とい

う点からすれば，それはおそらく現実に矛盾してはいないであろう。しかしそれではこのモデル，ないしその背後にある〝ケインズ理論〟が未開発国についても正しいといえるであろうか。問題は，ここで I＝投資支出を外生変数としている点にある。もしこの投資の大きさがどのように決定されるか，どのように変化するか，あるいはまた政策的にどのように変化させることができるかということを分析しないならば，右のようなモデル分析による結論は開発問題については全く無意味であるか，さもなければ，〝国民所得 Y を高めるには限界消費性向をもっと大きくしなければならない〟というような見当違いの結論を導くことになるであろう。

すなわち過去のデータについては，全く正しく適合するモデルであっても，それの予測あるいは政策効果という点でもつ意味あいについては，大きな錯誤を生じ得るのであり，データの適合という点からはほとんど同じ性質をもつモデルの間でも，この点では大きな差が生じ得るのである。

従って，原則としては，モデルを決定する場合の〝ビジョン〟は，もっぱら理論的にのみ考慮すべきであって，データとの適合という点から決められるべきものではないであろう。勿論ここでいう理論的な考慮とは，抽象的なレベルでのそれのみではなく，具体的な日本経済の構造の特質，あるいは一定時点における局面の様相の判断をもふくんでいなければならないことは当然である。

5　モデル分析と局面判断

ところで現実に行なわれているモデル・ビルディングの過程においては，以上のような点での考慮が十分に払われているとはいいがたい場合が多いようである。また、モデルを作成する側には一定の理論的立場が貫かれていても、それを利用し、あるいはその結果を判断しようとする側において、その点が正しく認識されていない場合が多いようである。とくにこの点は、政府の政策決定の手段としてモデル分析が用いられる場合に問題であり、企画庁などのマクロモデルと経済計画との関連においても、モデル作成者の理論的立場と、政策目的との間の関連が必ずしも整合していない場合もあった。

また実際、現実のモデルにおいては、データの制約、あるいは適切な方程式を構成することの困難さから、理論上の前提が歪められることも少なくない。例えば、(1)式の三面等価が完全に考慮に入れられることは少ない。とくに生産所得の面は無視されていることが多い。これは、一面では産業別の生産所得＝付加価値のデータには問題が多いこと、またサービス業関係では、生産所得と需要とを切り離して考えることは不可能であり、例えばサービス業の生産函数というようなものは考えられないということによるものであって、ある意味では当然であるかもしれない。しかし、もし何らかのかたちで(例えば鉱工業というような物的な生産部門だけでも)、供給力と需要との均衡を考慮しないとすれば、生産面でのネックの存在を全く否定していることになってしまうであろう。そうしておそらくこのような供給面を全く無視したモデルによっても、過去のデータは十分よく説明されることになるであろう。(とくに高度成長期の日本経済の情勢を考えればこのことは十分可能である。)しかしこのことは、このようなモデルが予測、ことに政策予測にも有効であることを意味するものではないであろう。

実際、予測にあたってとくに注意すべき点は、いくつかの経済諸力の間の強弱の関係が、局面の変化にともなって逆転するかもしれないということである。需要中心の〃ケインズ・モデル〃は、完全雇用が達成され、さらにインフレ・ギャップが生ずるにいたれば、それだけではもはや現実を説明し得ないものとなる。相拮抗する力の関係は、ある点で逆転し、前とは違った関係が支配的な力をもつにいたるかも知れない。そうすれば前に妥当したモデルももはや意味を失うことになるであろう。例えば日本経済についてのある種のモデルは、資金面のみを考慮した投資函数をふくんでいる。これは暗黙のうちに企業の投資意欲がきわめて強く、投資機会はいわば無限にあることを前提としている。このような想定はいわゆる高度成長期の日本経済には誤りではないであろう。しかしこのようなモデルを予測に用いるとすれば、そこには難点が生ずる。実際、このようなモデルを用いてなされた〃予測〃によると、資本の産出係数は急速に低下しているというような状況が見られる。しかしもしこれが正しいとすれば、資本の収益は急速に低下し、従って当然、企業の投資意欲は著しく減退せざるを得ないであろう。そうなれば現実の投資の水準は、資金面だけから説明された値より低くなり、従ってまた国民所得の成長率も、このような〃予測〃の示すところより低くならざるを得ないであろう。すなわち日本経済の様相についての局面判断は、当然一定の量的な限界をともなうものであって、予測を行なう場合には、予測結果が最初に想定した様相の限界を越えていないか否かについて、十分なチェックを必要とするであろう。そうしてもしそれが最初に想定された局面判断の前提を越えているようなものであるならば、そのような予測の結果はそのまま受け取ることはできないであろう。

しかし一方では、このような場合にも、モデル分析が全くむだであったとはいえないであろう。それはむしろモデルの式の中に明示的に表わされていない、いくつかの事情について、若干の解明を与えることができる。たとえば資本の産出係数の急速の低下ということが〃予測値〃に現われるとすれば、それは適当な政策がとられない限り不況が到来するであろうことを意味すると解釈することができるし、逆に分配-支出面のみを考慮したモデルにおいて、労働ないし資本の生産性が急激に上昇するような〃予測値〃が出たとすれば、それはおそらくインフレーションを意味するものと考えられるであろう。すなわちすべてのモデルはある種の条件は変わりないことを前提としているが、モデルにもとづく予測計算の結果は、そのような条件の一部が変わらざるを得ないということを示すかもしれない。そうすれば予測結果の信頼性は失われるが、しかしそれによってなおかつ重要な情報が得られることは確かである。

6　若干の問題点

このように考えると、実際に行なわれているモデル分析について、いくつかの問題点があるように思われる。

第一にモデル分析の実際の作業においては、ともすれば経験的なデータとの整合性の面に重点がおかれがちである。勿論データと整合しないモデルが無意味であることはいうまでもないが、最近では、ごく初期に見られたような決定係数 $R^2=0.10$ というような式をふくむモデルはほとんど見られなくなって、逆にむしろ決定係数、ダービン・ワトソン比、全体テスト、最終テストの数字をよくすることにのみ努力が払われているように思われる。このこと自体は悪いことではないにしても、モデル構成にあたっての理論的前提、およびそれにふくまれている経済の現状についての状況想定の範囲と限界とが明確にされていないならば、精密な数値結果は、予測の可能性について誤った印象を与えることになりやすいであろう。実際にデータ期間と予測期間との関連において、高度成長期のみのデータによる計算結果は、予測には偏りを生じさせるかもしれないというようなことがいわれるとき、実はこのことが意識されているのであるが、その意味内容がくわしく分析されることは稀であるように思われる。それは方程式のパラメターの変化を意味すると考えられるかもしれない。しかし実際により重要なことは、いくつかの経済関係式自体の変化というよりも、現実に支配的な役割を果たすべき関係式が交替したと考えられる場合である。少なくとも、経済理論は構造の変化というものをそのようなかたちで解釈することができるように構成されねばならないであろう。従って、例えば限界消費性向は所得の伸び率の高いときと低いときとでは異なるという代わりに、消費函数の中に所得の遅れを導入するとか、達成された消費水準というような変数を入れるとかというかたちで説明をつけるようにしなければならない。勿論、モデルをこのような形に構成すると、場合によっては現実のデータに関してはいわゆる多重共線性を生じて信頼すべき結果が得られないかもしれない。しかし有意な結果が得られないということは、必ずしもそのモデル自体が妥当でないということを意味するものではない。むしろそれは、いかなるかたちでの予測が危険であるかについての十分な警告を与えているものと見なさねばならないであろう。

例えば単一方程式において、

$$Y=\alpha+\beta_1X_1+\beta_2X_2+u$$

という形のモデルを構成したとする。簡単のために $\sum X_1X_2=0$ とすると、もし $\sum X_2^2$ がデータ期間において小さいならば、β_2 の推定量の分散が大きくなり、従って β_2 について有意な結果が得られないであろう。しかしそのことは変数 X_2 をモデルから除いてもよいということを意味するとは限らない。もし X_2 の値が今後とも小さいものと想定されるならば、それを除くことは問題ないかもしれない。しかし、もし今後は X_2 の値が大きく変化すると予想されるならば、X_2 をふくまないモデルを予測に用いることは甚だ危険であるといわねばならない。いわゆる "Fitting game" にふけることは、予測の目的には、甚だ誤った結論を導く恐れがあるといわねばならない。

第二に、この点で統計的分析の手法、あるいはその理解にもいくつかの欠陥があるといわねばならない。すべてのモデルは本質的に便宜的な性格のものであり、近似的なものであることはすでにのべたとおりである。しかし統計的手法自体は、このモデルが絶対に正確なものであるかのようにして展開されている。信頼区間、予測区間その他はすべてモデルの絶対的正確さを前提にして作られている。この点はしばしば結論の現実の妥当性について誤った印象を与えている。この点は数理統計論に対して一つの重要な課題を提起しているものであって、モデルの近似的な性格を考慮した理論体系を構成することが必要であろう。さしあたっては、統計的手法の限界を正しく認識して計算結果を利用することが必要であるが、手法に対して、過大な信頼が与えられている場合が多いように思われる。

第三に、より立ち入っていえば、連立方程式体系に関する統計的手法の理論はまだきわめて不十分である。勿論、漸近理論を前提とした一定の美しい体系は作られている。しかし小標本についての性質、とくにモデルとのギャップから生じ得べき偏りなどについては、統一的な結果はまだほとんど得られていない。また、より便宜的な手法としても、モデルを部分的に修正してモデル全体の適合度を体系的に高めてゆくような方法がつくられていないために、モデルの修正はかなり非体系的な試行錯誤によらざるを得ないということもある。これらの点については、現にしばしば行なわれている Monte Carlo 研究の結果などをより体系的なものに方向づけてゆく努力が必要であろう。

第四に予測という問題に限っていえば、予測に関しては全く同等なモデルは、一般には無数にあるということに注意しなければならない。すなわち予測は内生変数と外生変数を直接結びつけた誘導形に、予想される外生変数の値を代入することによって行なわれるわけであるが、全く同じ誘導形に導くようなモデルは一般には数多く存在する。その中には理論的には全く無意味なものもふくまれるであろう。このことは結局、構造の分析と、予測ということは少なくとも違った側面をもつということの、もう一つの証拠と考えることができる。従って〝予測〟の問題は、経済構造の〝推定〃の問題とはまた別に考えねばならないということを意味しているが、統計的予測の理論的研究はまだきわめて不十分なところが多いのが実状である。

付記 ここで述べた計量経済学に関連する統計理論については、その後若干の発展が見られたが、ここではそれについては立ち入らない。くわしくは竹内啓『計量経済学の研究』、佐和隆光『計量経済の基礎』（いずれも東洋経済新報社）を参照されたい。

第6章　経済における数学のイメージ

1　数学の背後にある具体的なイメージ

最近、経済学を学ぶ人々、ことに若い研究者や、その卵たちの間で、数学に対する関心は非常に高まっているようである。このことはたしかに、一応は結構なことに違いない。ここで一応というような、奥歯にものがはさまったようないい方をしたのは、数学を知らないより知っているほうがよいことは間違いないが、数学に熱をあげすぎると、経済学における数学的論理の意味、あるいは限界を見失うおそれがあるからである。しかし、いまここで私がとりあげようと思うのは、この問題ではない。

経済学を学ぶ人々が、数学の勉強をしようとするとき、読む本はたいてい理科の人々を念頭において書かれた本である。もちろん、〝文科のための数学〟というような本もあるが、それは多くの場合、理科向けの本を水増ししたものにすぎない。現在、経済学関係の若い人々がそのようなものでは満足せず、むしろ理科向きの本を読んでいる、あるいは読もうとしていることは、大変よいことであると思う。しかし、ほんとうに経済方面の人々も理科の人々と同じ本を、同じように勉強して同じ程度に理解できるようになったら、それでよいのだろうか。

もちろん数学であって、厳密な数学的論理の体系というものには、理科向きも文科向きもないということができるかもしれない。純粋数学は厳密であるべきだが、応用数学はややルーズでもさしつかえなく、文科向きとなれば、ただお話として聞いてもらえさえすればよいというのでは、現在の学生や研究者の要求に応えるものでないことは明らかである。基礎論的な詮索は別にしても、数学的論理の厳密性は厳しく守らねばならないということは、経済学のためであろうと、物理学のためであろうと変わりはないはずである。だから、たとえば解析についても、連続性の概念というようなことを厳密に規定することは、必要でもあり、また望ましいことである。

しかし数学はそれ自体としては、形式論理の体系であり、具体的な内容をもたないものであるにしても、数学の理論体系の背後には、やはりなにか客観的な〃もの〃のイメージが存在しているのではなかろうか。数学といえども、決してはじめから客観的存在と無関係に作りだされたものではなく、客観的な存在物からその具体的な性質をしだいに捨象して作りあげられてきたものにほかならないであろう。とすれば、抽象的な数学の体系の背後に想定されている具体的な存在が何であるかは、やはり数学そのものの理解にとっても、本質的な手がかりとなるものであり、数学を現実の問題に応用するにあたっても、重要な意味をもつものではないだろうか。さらに若干飛躍したいい方をするならば、一定の数学的な概念と結びつく具体的な〃もの〃のイメージは、決して一義的には決まらないであろう。すなわち、いろいろな違った客観的な存在からの抽象の過程から、最後に到達したものが同じ数学の理論，あるいは同一の定理であったということは少なくないであろう。とすれば逆に同じ数学の理論，あるいは同じ定理について想定される具体的な〝もの〟のイメージはいろいろあってよい，ということになる。そうして同じ定理にしても，それに対して想定される〝もの〟のイメージが違ってくるならば，その意義についての理解，あるいは解釈は違うのが当然であろう。

よい数学の本というものは，単に正しい命題が正しく証明されて並んでいるというだけではなく，定理の並べ方，その証明の方法というものに一貫した論理のリズムとハーモニーがあって，一つの交響楽のような美しさをもっている。このような美しさを支えているものは何であろうか。勿論，それは数学固有の論理そのものの自然な流れであるかもしれない。しかし他面，一つの数学的論理の体系に統一と調和の感覚をもたらすものは，その背後に想定されている具体的な〝もの〟のイメージではないかとも考えられる。ちょうど，単なる音を並べて作られる交響楽に具体的な標題がつけられているのと同じように，抽象的な数学的論理の体系にも，具体的な〝名前〟がつけられてもよいのではないだろうか。たとえば，ふつうの教科書にのべられている初等的な解析の体系は，力学のイメージと切り離すことができないように思われる。そうすると，このような力学のイメージによって書かれた解析の本が，はたして他の分野，たとえば経済学を専攻する人々にとっても有益なものとなり得るであろうか。あるいは，もっと別の，経済学にふさわしいイメージにもとづいて書かれた本もあり得るのではないだろうか，ということが問題になる。

このことは、単に数学の本の中に適当に経済学上の例題をとり入れるということで解決されるものではない。より本質的に、論理的な体系の構成自体にかかわることが問題であって、単に従来の体系に経済学上の例をつけ加えても、その論理の背景にある〃イメージ〃を変えることはできない。逆にいえば、現在の初等解析学の教科書が力学のイメージに立って書かれているということは、そこに力学上の例があげられているということを意味しない。力学の例のない教科書はいくらもある。しかしそれでも論理体系の特質は、やはり力学からきているといわざるを得ない。

2 専門分野による違い

じつは、このようなことを考えるようになったそもそものきっかけは、本来数学者でない私が純粋に数学を専攻とする人々、あるいは優れた応用数学者といろいろと話をする機会を得て、そこで人々のもっている〃数学のイメージ〃が、それぞれに微妙に違っていることに気づいたことであった。そうしてそれが各人のもっている、数学以外の具体的な理論体系の〃イメージ〃と結びついている、あるいはやや大げさな言葉使いをするならば、それぞれの専門的知識にもとづく〃ビジョン〃の違いから生じているということであった。

たしかに、あらためて話し合ってみると、いろいろな数学的な命題や定理の評価、位置づけという点で、私たちの理解は、ふつうの教科書、入門書に書かれているところとは一致しないことが多く、他方、それらの人々と私の間では意見が一致するという場合も少なくなかった。しかし、若干の場合には、私たちの間でも意見が分かれるということもあった。そうして、それは多くの場合、よく話してみると、結局最後には意見の違いは数学をどのような具体的な問題に、どのようなかたちで結びつけるかの違いに帰着するように思われた。そうしてたとえば、数学に対する物理学的イメージ、あるいは工学的イメージというようなものについて、いささかうかがい知ることができたように思われたのは、私にとっては新鮮な喜びであった。専門分野と数学自体についての深い知識を、高い見地から総合的に把握して、はじめてこのようなイメージが形づくられるものであろう、と強く印象づけられたのである。〝経済における数学のイメージ〟ということの章の標題は、じつはこの何回かにわたる話し合いの間に、私の頭に浮かんできたのであった。経済学というものを念頭におきつつ、数学を理解しようとしたとき、数学の体系に対する理解は、どのような点で他の分野の人々が考える数学のイメージと違ってくるだろうか。そうして、それはまた数学の体系のあるべき姿にどのような影響を与えるのだろうか。以下このような点について、若干思いついたことをのべ、問題に対する一つの手がかり程度のことを考えてみたいと思う。

3　ベクトルのイメージ

ここで例としてベクトルをとりあげよう。

もちろんベクトルというものは、数学的にはある体 K の上に定義されたベクトル空間 V として定義されればよい。すなわち、あらためていうまでもないことであるが、

(1) 任意の $x, y \in V$ に対して $x+y \in V$ が定義される。この加法は結合律、交換律を満たす。

(2) 任意の $\alpha \in K$, $x \in V$ に対して $\alpha x \in V$ が定義される。そうして

(3) $\alpha \beta \in K$, $x, y \in V$ のとき $(\alpha+\beta)x=\alpha x+\beta x$, $\alpha(x+y)=\alpha x+\alpha y$, $(\alpha\beta)x=\alpha(\beta x)$ が成り立つ。

このとき、V を K の上に定義されたベクトル空間、その要素をベクトルと呼ぶのである。ここで K が実数体のとき V の元は実ベクトルと呼ばれ、またそれが有限個の要素からなる基底をもつ、すなわち

(4) V の要素の有限集合 $\mathfrak{A}=\{x_1, \ldots\ldots, x_n\}$ が存在して、V の任意の要素 x は、適当な実数 $\alpha_1, \ldots\ldots, \alpha_n$ を用いて $x=\alpha_1 x_1+\ldots\ldots+\alpha_n x_n$ と表わされる

とき、V をユークリッド空間と呼ぶ。いま問題を簡単にするために、話をユークリッド空間に限ろう。任意のユークリッド空間は、一つの基底を固定して考えれば、n 個の実数の組 $\{\alpha_1, \ldots\ldots, \alpha_n\}$ の作る集合と同型になる。そこでこのような集合について考えればよいことになる。

以上のことは、数学としては、少なくとも問題にする余地のないところであろう。しかしここから先に進もうとする場合、このようなベクトルに対応する具体的な〝もの〟のイメージとして、どんなものを想定するかが問題になるであろう。

ベクトルの概念は、最初は力学から生まれてきたものであろう。そうして一般の理科向きの教科書では、ベクトルはまさに力学を念頭において説明されているように思われる。そうするとそれは高等学校程度の教科書でよくいわれるように、〝大きさと方向をもった量〟であるということにな

り、たとえば力を表わす〃矢〃ということになる。数学的論理も、このようなイメージと結びついて展開されているように思われる。しかしこれは経済学にとっては適切なイメージとはいえない。経済学のほうで考えれば、ベクトルに対応する基本的な概念はたとえば“activity”であろう。つまり1単位の生産活動によって、労働、機械、原料がそれぞれ a_1, a_2, a_3, …… 単位消費され、その結果いく種類かの生産物が x_1, x_2, …… 単位生み出されるならば、このような生産活動の1単位の結果をまとめて

$$a=\begin{pmatrix} -a_1 \\ -a_2 \\ -a_3 \\ \vdots \\ x_2 \\ x_1 \end{pmatrix}$$

というような形のベクトルで表わすことができる。そうすると、このような生産活動 c 単位の結果は、ベクトル ca で表わされること、また二種類の生産活動 a, b が存在するとき、これをともに行なった結果は $(a+b)$ で表わされることは明らかであろう。

このような〃力〃と“activity”において、その数学的なイメージの上に本質的な違いがあるように思われる。ふつう物理学、あるいはとくに力学では(もちろんニュートン力学の範囲で)、座標系というものは偶然的なものにすぎず、物理的な法則は座標系のとり方とは独立に表現されるものであるとされている。そうしてそういう意味では〃ベクトル〃も特定の座標系と必ずしも結びつか

ない量として規定されることになる。たとえば方向性と大きさをもった量というような表現は、それが座標系の原点のとり方とは無関係に理解されるべきであることを示している。

しかし経済量については、一般にこのことは真でない。たとえば労働1時間とか、機械1台とか、原料1トンとかいうような量は本質的に異なる単位で計られている。従って、経済活動を表わすベクトルについて、各座標はそれぞれ絶対的な意味をもつものであって、簡単には変換できないものである。また多くの場合、各量が正であるか負であるかには本質的な意味があり（あるいは負にはなり得ないものもあろう）、従って座標軸の原点も動かし得ないものであると考えねばならない。経済的な意味を損うことなく変換し得るのは、おそらく各量の単位（kgで量るか、貫匁で量るか）だけであろう。

そうすると、経済の分野で〝ベクトル〟を考えるとき、その数学的なイメージとして思い浮かべられるのは、それが何個かの実数の組であるということになる。このように考えると、ベクトルそのものを最初から実数の組として定義して話を進めても、経済分野への応用を頭においている限り、困難は生じないのみならず、むしろそのほうが便利であるように思われる。

経済的な諸量をこのように本質的には異質の単位にもとづくものであるとすると、そのような諸量の作るベクトル空間は、本質的には距離空間ではなく、幾何的な意味でのユークリッド空間でないことになるであろう。

4　価格現象の数学的本質

しかし経済現象というものは、単に通約不能な諸量を並べたものとしてのみ現われるものではない。本来は異質のものが価格という共通の尺度によって評価されることによって、相互に比較可能なものとされるようになるということは、経済現象の一つの本質的な側面である。(厳密にいえば、資本主義社会の、あるいは商品生産社会の、というべきかもしれない。しかし社会主義社会でも少なくともある段階までは価格現象が存続することはたしかであるし、何らかの意味で財貨の評価ということを伴わないようなところに、固有の意味で経済現象があるといえるかどうかには問題があるように思われる。しかし、この点は経済学の根本問題の一つだから、ここでは深く立ち入ることはできない。) ところで数学的にいえば、価格とは要するに財貨(あるいはサービス)のベクトルの線形函数であると考えることができる。n 種の財貨の量の組合わせ

$$a=\begin{pmatrix} a_1 \\ a_2 \\ \vdots \\ a_n \end{pmatrix}$$

に対して、一つの価額 $b=f(a)$ と対応させるような線形函数を考える。すなわち n 種の財貨の量のあらゆる組合わせに対して、一つの価額が対応するものとし、そうして、その対応を与える函数は、つぎの二つの条件を満たすとする。

（i）　$f(ca) = cf(a)$

（ii）　$f(a+b) = f(a) + f(b)$

そうすると，じつは，適当な定数 $p_1, \cdots\cdots, p_n$ が存在して，

$$f(a) = p_1a_1 + p_2a_2 + \cdots\cdots + p_na_n$$

とならねばならない。この $p_1, \cdots\cdots, p_n$ がすなわち，n 種の財の単価にほかならない。

価格のいろいろな組合わせを考えると，それらの全体はやはりベクトル空間を作る。それは財貨の作る空間の線形函数全体の空間，すなわちその双対空間 dual space になる。

財貨の数量の空間と価格の空間が，相互に双対空間になるということは，経済における数学のイメージ，あるいは経済というものの数学的イメージにおいて，基本的なものであると思う。（もちろん，その作るベクトル空間は再帰的であるか否か，つまり価格の空間の双対空間がはたして財貨の空間になるかどうか，ということが問題になる。このことを経済学的にいえば，価格のつけられるものは，財貨サービスに限られるかということになる。）

財貨の数量の空間と価格の空間が双対的であるということは，それらが有限次元の場合には互いに同型であっても，空間として区別されねばならないことを意味している。すなわちたとえば数量のベクトルがタテベクトルとして表わされるならば，価格はヨコベクトルとして表わされるべきであろう。

$$a=\begin{bmatrix} a_1 \\ \vdots \\ a_n \end{bmatrix} \qquad p=[p_1\cdots\cdots p_n]$$

経済現象を念頭においたとき、タテベクトルの空間とヨコベクトルの空間とを明確に区別し、そうしてタテベクトルとヨコベクトルの積として線形函数を定義してゆくほうが、それを同じタテベクトルの間の内積として定義するよりも、適当である。

価格の空間が、財貨の数量の空間の双対空間であることを考えると、ラグランジュ乗数ベクトルが帰属価格を与えるということの意味も容易に理解されるであろう。

いま、ある企業にとって生産可能な n 種の財について、その1単位の生産に必要な生産費を c_i $(i=1\cdots\cdots n)$、その販売価格を p_i とすると、それぞれを x_i 単位生産するときの利益額は

$$r=\sum(p_i-c_i)x_i \qquad (1)$$

と表わされる。ところでここで、設備あるいはその他の生産要素の存在量に制限があるとすると、そのことから、可能な生産量の組合わせが制約される。いま、m 種の生産要素について、その存在量を b_j, $j=1\cdots\cdots m$ とし、また生産量 $x_1\cdots\cdots x_n$ を得るために必要な生産要素の量を $g_j(x_1\cdots\cdots x_n)$ にすると、結局 $x_1\cdots\cdots x_n$ という組合わせが生産可能であるためには、

$$g_j(x_1\cdots\cdots x_n)\leqq b_j \qquad j=1\cdots\cdots m \qquad (2)$$

という条件が満たされねばならない。

そこで、利益を最大にするように生産量の組合わせを決定するものとすれば、条件(2)の下で(1)を

最大にするという、制限つき最大問題を解けばよいことになる。

このような制約つき最大最小問題を解くのに用いられる手法がラグランジュ乗数法と呼ばれるものである。すなわち未定定数 $\lambda_1 \cdots\cdots \lambda_m$（ラグランジュ乗数と呼ばれるもの）を導入して、

$$F=\sum_i (p_i-c_i)\,x_i+\sum_j \lambda_j (b_j-g_j(x_1\cdots\cdots x_n))$$

という形の式を作り、F の制約条件なしの最大を求める。もし適当に λ_j の値を定め、$\lambda_j=\lambda_j^*$ にしたとき、F の無条件の最大を与える x_i の値 $x_i=x_i^*$ が条件(2)を満たし、さらに

$$\lambda_j^*\geqq 0,\ \lambda_j^*(b_j-g_j(x_1^*\cdots\cdots x_n^*))=0 \qquad j=1\cdots\cdots m$$

となっているならば、実は x_i^* は最初の制約の最大問題の解になっていることが示される。

ラグランジュ乗数の値 λ_j^* の存在その他の数学的問題については、ここではふれることができないが、ラグランジュ乗数自体は理論的にも興味ある性質をもっている。というのは λ_j^* は、第 j 番目の生産要素が1単位増減したとき可能な利益額がどれが増減するかを表わしているのである。その意味でこの値は生産要素の帰属価値 inputed price を与えるという。すなわちそれは生産要素の利益に対する貢献度の評価額と考えることができる。

ところで、数学的な理論の細部から離れても、実はラグランジュ乗数ベクトルが価格の世界に属することは式の上から明らかである、というのは F は r の同次元の量、従って価額を表わしている。そうして λ×生産要素の量が F の一つの項になっているのであるから、λ は価格の空間に属する量でなければならないことになる。

制約条件の下での最大最小問題は、経済学においてしばしば生ずるが、そのとき単に技術的な道具として導入されたラグランジュ乗数が、実は経済的にも本質的な意味をもつ量を表わしているということは、数学の論理というものが、やはり経済学の本質的な一面を表現し得るものであることを示している。同時にこのことは、経済における数学のイメージがどのようなものであるべきかを示す、一つの材料となっているように思われる。

同じような現象は、線形計画法におけるシンプレックス法というような純技術的な工夫が、双対定理を導き出し、それがゲームの理論、あるいは非負ベクトルに関する多くの数理経済学の定理の基礎となり得るものであることのうちにも見られるであろう。

5　テンソルの概念

ところで上記の議論はもう一歩進めて論ずることができる。

その例として、産業連関分析における投入係数行列を考えよう。

いま、1国の経済が n 個の産業部門からなるものとし、第 j 部門が1単位生産を行なうためには、第 i 部門の生産物が a_{ij} 単位必要であるとしよう。そうすると、各部門の産出量が $x_1 \cdots\cdots x_n$ であるとき、第 i 部門の産出量 x_i のうち、いわゆる中間投入として生産のために用いられる量は、$\sum_j a_{ij}x_j$ となるから、結局、消費その他の目的（最終需要）にまわることのできる量は

$$x_i - \sum_j a_{ij}x_j$$

となる。

a_{ij} を要素とする行列 A は投入係数行列といわれる。そうするとこの行列は物量のベクトル $x=(x_1\cdots\cdots x_n)'$ を同じ物量のベクトル Ax に変換する行列である。

ところが同じ行列は価格を価格に変換するものと考えることもできる。なぜならば、いま第 i 部門の生産物の価格を1単位当たり p_i とすると、第 j 部門における生産物1単位当たりの中間投入の総価格は

$$\sum_i a_{ij}p_i$$

と表わすことができる。従って第 j 部門の得る付加価値は

$$p_j-\sum_i a_{ij}p_i$$

と計算できるからである。

いま価格のベクトルを $p'=(p_1\cdots\cdots p_n)$ とすると、$p'A$ はやはり価格のベクトルを表わすことになる。

このことは A を正方行列とするとき、これにタテベクトル x を右からかければ、タテベクトル Ax が得られ、ヨコベクトル p' を左からかければヨコベクトル $p'A$ が得られるという自明のことを表わしているにすぎないと思われるかもしれない。しかし同じ行列が、数量から数量へという変換と価格から価格へという変換を同時に表わしているということは、理論的に興味深い事実である。

実際すべての行列がつねにこのような性質をもつとは限らない。いま n 種の生産物について、その市場価格が生産量ベクトルの変化に応じて変化するとき、その価格ベクトル p' が近似的に

$$p'=p_0'-x'B$$

と表わされるものとすれば、このとき行列 B は、数量を価格に変換するものとなっている。従ってそれは数量を数量に変換する行列とは本質的に異なるものといわねばならない。この行列 B はさきの場合とは違って数量を価格に変換する以外の作用をもたない。それが同時に価格を数量に変換すると考えることはできない。

そこで、実はこの場合、行列という概念では不十分であることがわかる。むしろテンソルの概念を用いるほうが適切である。すなわち概念そのものは物理学からの借り物になるが、行列 $A=\{a_{ij}\}$, $B=\{b_{ij}\}$ を区別するために、その要素を A については a_j^i というように、また B については b^{ij} というように書く。また第3の種類として $c=\{c_{ij}\}$ と表わされるものも考えられる。実はこれに対応して物量ベクトルも $x=\{x_i\}$ というように表わし、価格ベクトルのほうは $p'=\{p^j\}$ というように表わすことにするのである。一般にテンソルというものは

$$T=\{t_{i_1 i_2\cdots\cdots i_h}^{j_1 j_2\cdots\cdots j_h}\}\qquad \begin{array}{l} i_1=1\cdots\cdots n_1\\ i_n=1\cdots\cdots n_h\\ j_1=1\cdots\cdots m_1\\ j_k=1\cdots\cdots m_k \end{array}$$

というような $n_1\times n_2\times n_k\times m_1\times\cdots\cdots\times m_k$ 個の実数を並べたものと考えるのである。ふつうの

数（スカラーといわれることもある。が、ここではこのことばは使わないことにしよう）は $k=0$ $h=0$ のテンソル、タテベクトルは $k=0$ $h=1$ のテンソル、$k=1$ $h=0$ のときはヨコベクトルと考えるのである。そうすると行列については $k=2$ $h=0$, $k=1$ $h=1$, $k=0$ $h=2$ の3つの場合が考えられることになる。

いま2つのテンソル、例えば

$$T_1=\{t^{\alpha\beta\gamma}_{abc}\}$$

$$T_2=\{s^{ab\delta}_{\alpha\beta d}\}$$

が与えられたとき、その積を

$$T_1T_2=\{\sum_{\alpha}\sum_{\beta}\sum_{a}\sum_{b}t^{\alpha\beta\gamma}_{abc}s^{ab\delta}_{\alpha\beta d}\}=\{u^{\gamma\delta}_{cd}\}$$

という形で定義する。すなわち上ツキの添え字と下ツキの添え字に同じものがあれば、その文字について加え合わせたものを積のテンソルの要素とすればよいのである。

このようにすれば　例えば

$$\{a^i_j\}\{x_i\}=\{\sum_i a^i_j x_i\}=\{y_j\}$$

は物量のベクトルを

$$\{a^i_j\}\{r^j\}=\{\sum_j a^i_j p^j\}=\{g^i\}$$

は価格のベクトルを表わすことになるのは明らかであろう。これに対して

$$\{b^i_j\}\{x_i\}=\{\sum_i b^{ij}x_i\}=\{x^j\}$$

は価格のベクトルを表わすし、また、もし $\{c_{ij}\}$ と表わされるテンソルがあれば、それは価格ベクトル $\{p^j\}$ との積を作ると

$$\{\sum_j c_{ij}p^j\}=\{d_i\}$$

は物量のベクトルとなるであろう。

一般に上ツキの添え字は価格の世界を、下ツキの添え字は物量の世界を表わすものとし、実数は価額を表わすとすると、つねに価格×物量から実数が生じて添え字が打ち消し合うことが了解されるであろう。その意味で $A=\{a_i^j\}$ と表わされるテンソルは、実は価格×物量のテンソルと考えられる。そこで、これに価格を一つ掛けると物量が一つ打ち消されて価格が残り、物量をかけると価格が打ち消されて価額が残るということになる。これに対して、$B=\{b^{ij}\}$ というテンソルはいわば(価格)^2 を表わしているから、これに物量をかけると価格が残り、さらにそれにもう一度物量をかけると価額が出てくることになる。

このようなテンソルの概念を導入すると、いろいろな点で、有益な区別を行なうことができるように思われる。例えば一般に単位行列 $I=\{\delta_j^i\}$ ($\delta_i^i=1$　$s_j^i=0$　$i\neq j$) は価格×物量のテンソルである。従って $A=\{a_j^i\}$ の逆行列は、やはり同じ型のテンソル $A^{-1}=\{\tilde{a}_k^i\}$ となって

$$AA^{-1}=\{\sum_j a_j^i\tilde{a}_k^j\}=\{\delta_k^i\}$$

が成り立たねばならない。これに対して $B=\{b^{ij}\}$ の逆行列は、$B^{-1}=\{\tilde{b}_{jk}\}$ という形のテンソルでなければならない。なぜならば

$$BB^{-1}=\{\sum_j b^{ij}\tilde{b}_{jk}\}=\{\delta^i_k\}$$

とならねばならないからである。

このことは、物量を物量に対応させる変換の逆変換は、やはり物量を物量に対応させるものであること、これに対して物量を価格に対応させる変換の逆は、価格を物量に対応させるものであることを考えれば、明らかであろう。

6 経済学自身のための数学を

以上にのべたことは経済学における数学の〝イメージ〟についてはほんの一例をあげたものにすぎない。しかしこれだけのことからも経済学を念頭において線形数学を構成するとき、どのような点に重点がおかれるべきかについて、一つの手がかりは得られるのではなかろうか。

同じことは解析についても考えられるはずである。たとえば、運動方程式を最も基本的なイメージにもつ微積分学の体系は、どうも経済を考えるには適切でないように思われる。たとえば微分法を極大・極小を求めるために用いるとすれば、運動概念を微分の定義に持ち込むことにはいささか抵抗を感ずる。また積分にしてもルベーグ積分とリーマン積分とどちらがより〝自然な〟、従って本質的には理解しやすいものであるかについて、経済の立場からは一概にいえないように思われる。

従って真に経済学のための解析学というものを考えると、それはこれまでの教科書にのべられているものとは、かなり異なる体系になるのではなかろうか。

ところでこのようにのべたからといって、経済のための数学は、たとえばベクトルを“activity”として説明する、あるいは〝双対空間〟を〝価格の空間〟として定義するものでなければならないと主張するわけではない。ベクトルはあくまで数学概念としてのベクトルとして定義されればよく、双対空間はベクトル空間の線形汎函数の空間としておけばよいのである。数学上の概念の定義は、実体的な概念とは完全に切り離しておかねばならないことは当然である。例題として経済学上の問題をとり入れることはむしろ望ましいものであっても、数学そのものは経済的な概念を捨象したものでなければならない。

経済のための数学は、そういう意味で数理経済学とは本質的に異なるものでなければならない。それは経済から捨象した数学であると定義されねばならない。このことはこれまでの数学のかなりの部分が、物理学から捨象した数学であり、そうしてそれはやはり物理学とは本質的に異なるものであった、というのと同様であると思う。これまで、科学は（自然科学、社会科学をふくめて）数学を利用することが多ければ多いほど、精密なものであるといわれてきた。そうして、その点で物理学が最も精密な科学であるとされてきた。もちろんこのこと自体は否定し得ない事実である。しかし、それをもし「物理学は数学を最もよく利用することによって、最も精密な科学となった」というように考えるとすれば、それは誤りではないまでも、少なくとも不正確であろう。むしろ「物理学はつねに自分に適した数学を作り出すことによって精密科学となり得た」というほうが正しいだろう。従って物理学の作った数学を借用してきた他の科学が、つねに厳密性という点で物理学より劣ると思われたのも当然であろう。

しかし他の科学、たとえば経済学は自分に適した数学を作り出すことはできないのだろうか。これはたしかにひどく大きな、そしてやや漠然とした問題である。しかしさしあたって、経済学と数学の両分野の論理の深い理解の上に、真に経済向きの、同時に数学としても完全な、数学のいろいろな分野の体系が作られることは期待してもよいのではなかろうか。このような方向での試みが今後いろいろと行なわれることを期待したい。

第7章 計量的歴史観のビジョン

1 はじめに

私は歴史学についてはまったくの素人である。しかし私は歴史が興味深いものであること、すべての社会科学は歴史認識を基礎にしなければならないことは深く信じているつもりである。だから計量的歴史観という大げさな名前をつけたについては、いささか後ろめたさを感じないわけでもないが、要するに「歴史はなぜ面白いか」ということ、「そもそも歴史とは何だろうか」ということについて、私なりの感覚を、私自身の専門である統計学あるいは計量経済学から、おのずから導かれるものの考え方あるいはビジョンにもとづいて分析した次第である。

私は、歴史学は広い意味での科学、すなわち経験的な事実の上につくられた認識の体系であると思っている。勿論そのことは、それが直ちに「計量化」ということとはつねに結びつき得ることを意味しない。しかし私はその間には原則的な困難はないと思っている。歴史の場合、むしろ問題は「経験的」という言葉の内容をどう規定するかであるように思われる。「計量化」を可能ならしめるものとしての経験的認識とは何かを吟味することがこの章の目的である。

2　〝事実〟と〝モデル〟

私は歴史の専門家ではないから、歴史学の本質とか、その意義とかいうような難問に答えることもできないし、また答えようとも思わない。また歴史記述と歴史学との相違、あるいは歴史学ははたして科学であり得るかというような問題に対しても、正面から論じようとは思っていない。ただ私が、自分の分野である統計学の立場から、というよりむしろ、統計学的な方法がもっている科学的認識なるものに対するビジョンから歴史というものを眺めてみるとき、おのずから生じてきた二、三の問題点について、のべてみたいと思う。

統計学的方法は、研究の対象を、「事実」と「観測データ」と「モデル」という三つの範疇によって取扱っている。すなわち「事実」とは、観客的な世界に実際に生起している現象であり、「データ」とは、「事実」を何らかの方法で人間が観測して得た結果の記録である。そうして「モデル」とは「データ」によって人間が事実についてのイメージを構成するときに用いられる、論理的な構造である。もちろんこの三つの間の区別は、時にはかなりあいまいである。「事実」と「データ」の境界が明確でない場合もあるし、また「モデル」がそれとして明示されない場合も多い。しかし本質的にはこの三つの要素がつねに前提されるといわねばならないであろう。

もちろん統計学の理論の内部でも、このような問題に対する議論は、とうてい整理しつくせないほど種々様々であるし、またその中に重大な分裂がないわけでもない。またここで「モデル」というとき、いわゆる推計学の名前で知られているような、つねに厳密な確率モデルのみを前提とする立場をとるものではないことも断わっておきたい。

従って、規定のあいまいさや不十分性は重々認めたうえで、この三つの契機を認めることを統計的方法の本質的な特徴と考えたい。

ここで誤解のないようにしておかねばならないことは、このような統計的方法の特質は決していわゆる科学的、あるいはより厳密にいって自然科学的方法とのみ直接に結びつくものではないということである。「モデル」はそれ自体としては、いかなる世界認識の方法からも導くことができ、その意味ではいかなる世界観に対しても中立的である。望むならば例えば神学にもとづくモデルを作ることも十分可能である。

ここでいちばん厄介なのは「事実」という概念である。ここでも形而上学、認識論、存在論に立ち入ろうとは思わないから、いったい客観的「事実」なるものが存在するのか、存在するとすればどういう意味においてであるかというようなことを哲学的に論ずることはやめたい。ただ、それは特定の観測の際に、観測される対象として、一応観測および観測する主体とは独立に存在する客体であるとしよう。しかしそれをなにか不可知な「物自体」と考えることは、観念論に陥ることになるであろう。しかし一方、存在するものは観測の過程のみであって、それと独立に「観測されるもの」が存在するわけではないとする立場に固執することも、ニヒリズムに陥る危険性をもつ。少なくとも「観測されるもの」は観測の過程と原理的には切り離し得ないものであるとしても、それを特定の観測結果とは独立なものと想定することは必要である。とにかく統計的方法においては「観測データ」は原理的に誤差、偏り等々をふくむものとされるのであって、このことは当然何らかの意味で「真の事実」の存在を想定、ないし仮定しているのである。

例えば、ここにある石の重さを三回量って一二三kg、一二一kg、一二四kgという三つの値を得たとすれば、これらはいずれも測定誤差をふくんだ値であり、真の重さはおそらく一二〇―一二五kgの間にあるとされるであろう。この場合、「真の重さ」という一つの客観的な事実の存在を疑うことは、常識的にはほとんどあり得ないであろう。しかし、この場合でもやかましくいえば「真の重さ」というものが、それ自体いかなる観測にも独立な概念であるとすることには、異議を唱えることは可能であって、それはむしろ、もっと精密な秤で量ったときに観測されるであろう値、あるいはこの石を落としたときに観測される性質等々を表わしていると考えるべきであろう。

従って「観測データ」が何らかの事実を表わしているというとき、事実とは、その観測とは独立であるが、一方原理的には観測可能性と結びついていなければならないだろう。

従って、事実という概念はきわめて微妙であって、それは「モデル」設定と分かちがたく結びついていることが多い。石の重さというような場合には、この点はほとんど問題にならないかもしれない。しかしこの場合でも重さの概念は、秤の目盛りの示す値の確率分布の平均として定義することも可能なのである。もちろんこの場合には、「目盛りの示す値は、真の重さを平均とする一定の形の確率分布に従う」というようにモデルを設定するのが普通であり、その場合には「真の重さ」

の存在はモデルより前に前提されている。しかしこれを逆にして、「目盛りの示す値はある確率分布に従う、その分布の平均を真の重さという」と定義することも論理的には十分可能である。私はこのような表現の意義を過大評価することには賛成しない。しかしこのような一見ソフィスト的な表現が、事態を正しく表わしていることも多いということは強調しなければならない。

3　歴史における〝事実〟

そこで歴史について考えよう。もし歴史あるいは歴史学というものが、客観的な世界に関する一つの認識の体系を表わしているとすれば、そこにもやはり「事実」と「データ」と「モデル」を想定することができるであろう。

ここで「データ」は直ちに「史料およびその他の資料」といいかえることができる。歴史学の重要な部分は明らかにデータの分析にあてられている。

また「モデル」も、現在ではモデルという言葉自体に抵抗を受けることがあるにしても、比較的よくなじまれている概念と考えることができるであろう。

しかし、問題なのは「事実」である。私には歴史の事実、あるいは歴史的な事実とは何か、ということこそはっきりしないものであるように思われる。ここでまず歴史上の事実というとき、それが歴史において考慮に値するような事実であるかどうかというような、価値判断は考慮に入れないことにしよう。とにかく「意義」とは離れて、歴史における事実とは何かということから考えてみよう。

この問題は一見自明なものであると思われるかもしれない。一六〇〇年に関ケ原の戦が行なわれたというのは歴史上の事実である。また昨日私が電車に乗って某所へ行ったというのも事実である。ただし、おそらく後者はいかなる意味でも、歴史的に意味のある事実という意味で歴史上の事実と呼ばれる価値はもたないであろうが。

そうすると簡単に歴史上の事実とは、過去における個人、あるいは人間の集団の行為あるいは行動であると定義できるように思われる。この定義は簡明で適切なように思われるかもしれない。しかし、そうすると例えば「私は昨日誰々に会いに某所へ行ったが、会うことができなかった」というのは「事実」であろうか。「私は某所へ行った」「私は誰々に会わなかった」というのは確かに私の行動を表わしている。しかし「会いに行った」というのは、行動に実現することのなかった私の「意図」を表わしている。従ってさきの定義を厳密にとれば、「会いに行った」という部分は事実を表わしていないということになる。（いうまでもないことであるが、これは「会いに行った」という命題の真偽とは関係ない。私は全く出かけなかったかもしれない。そうならばこの命題は事実と対応しないという意味で偽りになる。しかしもし「会いに行った」という命題が本来事実を表わし得ないとすれば、それは事実に対応するかどうかをいうことができないことになる。）

従ってその定義を厳密に適用しようとすると、明らかに困難が生ずる。「ナポレオンはヨーロッパ全体の征服を図った」「アントニウスはクレオパトラの魅力の虜になった」等々の命題は、全部怪しげなものとして追放されねばならない。勿論、このような命題をこと細かに分析し、ナポレオンやアントニウスの行動を、何をした、何を言ったというようなかたちで追求して、このような言葉で表現されている事実の内容を表現することは可能である。しかしこのような命題を、このような細かい事実の総括的な表現にすぎないとしてよいであろうか。明らかに、このような命題の事実性を否定することは、少なくとも著しく不便である。例えば歴史の必然性、偶然性ということをいうとき、それはともに、そこにまきこまれた個人の意図のいかんにかかわらず、ある事件が起こらざるを得なかったという意味に定義されることが多いように思われる。ある事件が歴史的必然であったというのは、「誰もその事件をとめようと思っても、とめることのできないものであった」という意味に理解されることが多いし、またある事件が偶然的であったということは、「それが人々の意図とは無関係な偶然的な外的状況のために生じた」という意味に用いられることが多いのではなかろうか。歴史における必然性という概念が、あれほどまでに論議を呼んだのは、明らかに人間の「自由意志」と必然性とが矛盾するように思われたからであった。そこでもし、そもそも人間の「意志」なるものの存在を認めないことにすれば、問題はまったくはじめから無くなってしまうだろう。

従って、もし人間の意志、意図というようなものを、歴史の素材としての「事実」から追放するとすれば、歴史の必然性、偶然性というような概念も著しく稀薄になってしまう。「理性の奸計」も「クレオパトラの鼻」も歴史の世界から追放しなければならないであろう。

そこでさきの定義を修正して、歴史における事実とは、過去における人間の行為、行動およびその背後にある主観的意志、心理などであるとしたらどうであろうか。その場合、直ちに問題になることは、人間の主観的なものをどのようにして、観測可能な事実とするかである。「私がきのう某所へ出かけていった。私は誰々に会わなかった」という事実があったかどうかを確かめるには、どのようにすればよいかは明白である。しかし、私がきのう出かけて行ったのは「誰々に会うためであった」ということは、どのようにしたら確認できるであろうか。もちろん私がこのように言ったからといっても、私は嘘を言っているかもしれない。本当は私は他の目的で出かけて行ったのかもしれない。しかし私が出かけて行った目的が「事実」誰々に会うためであったか否かをいうことができるためには、私の「意図」ということの事実内容を確定しなければならない。そうでなければ、私が出かけて行ったのは「運命であった」「神の指示によるものであった」というような放言と、「誰々に会うため」というような健全な命題とを区別することができなくなってしまう。

4　主観の事実性

人間の主観の内容の事実性という問題は、たしかに難問のようである。私にはそれを一つのフィクションであるとして、問題を回避してしまう行動主義心理学の立場も同情できないでもない。しかしながら、人間の主観性の事実性を完全に否定し去ってしまうことは、歴史の内容を著しく貧困にしてしまうという点だけからも、賛成できない。

そこでまず人間の主観の内容というものの事実としての存在だけは仮定しよう。しかしその事実内容の意味づけには，きわめて慎重でなければならない。「事実」というものが何らかの意味で観測可能性をともなうものでなければならないとすれば，主観の内容も，一つの事実として設定されるためには，それが少なくとも行為あるいは行動(もちろん言動もふくめて)に結びつき得るものでなければならない。そこで例えば，ある人間が何事かを「意図」したということは，どのように定義されるだろうか。たしかに彼はその意図にそうような行動をとったであろう。このことは直接検証可能な事実である。しかしそれだけでは，明らかに一定の「意図」の存在を仮定するには十分でない。一定の「意図」をもつということは，単に一つの外的状況において，一つの目的に応じた行動をとった，というのみならず，もし外的な状況が変化すればそれに応じてつねに最初の目的に応じた行動をとったであろうということを意味しなければならない。そうすると逆に人間の「意図」なるものを，可能な状況の下でつねに一つの目的な応じた行動をとることと定義することができよう。それはことさらに主観的な「心」的に言葉を用いることなく，経験的に定義可能な言葉のみを用いて，主観的な内容を十分よく定義したことになる。

一般に，「事実」としての人間の主観の内容とは，結局その人間が現におかれた状況においてとった行動のみならず，似た，あるいは相違した可能な他の状況の下においてとったであろう行動の全体，すなわち状況に対する一定の反応様式と考えることができる。いいかえればそれは一つの決定函数であると考えることができるであろう。このような決定函数というのは，統計理論において，最近ではかなりポピュラーな概念である。そうしていわゆる決定理論は人間の行動を、個々の状況に対する個々の反応と見ないで、可能な状況の集合に対する反応のしかたの規則（函数）と考え、現実には、実際に生じた状況に対応してこの規則によって定められる行動をとると見るのである。*

* 決定函数とは、可能な状況＝データの集合 X の元 x に対して、可能な決定の集合 D の元 d を対応させる函数＝写像をいう。これは、人間の状況に対する一つの態度を数学的に定式化したものということができる。人間の行為を個々の状況に対応する個々の反応と見ないで、変わり得る状況（変量）x に対応する決定選択の函数と見なすことが、人間の「主体性」の数学的な定義にほかならないということができると思う。そうして決定函数 f をもつ人間は、現実にはもし x_0 が起こるならば $d_0=f(x_0)$ なる決定を下すことになる。

ところで、このように人間の個々の行為の背後に、それぞれ一つの決定函数なるものを想定するとすれば、容易に想像されるように、人間の行動全体を規定している決定函数の数は莫大であり、またその構造はきわめて複雑になるであろう。しかし一方、人間の行為がある程度の一様性をもつ限り、現実に人間が採用する決定函数の集合にはある程度の安定性と類似性が見られるであろう。そこで多くの人間の決定函数を相互に比較して、種別、分類することが可能であろう。そうしてその種と類とを、一定の指標によって表わすことが可能になるであろう。そのような指標は、一般に「構造パラメター」と呼ぶことができよう。

私は、このような人間の決定函数の分類を規定する「構造パラメター」を「思想」という言葉で呼ぶことにしたい。人間の主観性の種類を特徴づけるものを思想と名づけることは自然ではなかろうか。

しかし「思想」というものをこのように定義するとすれば，それはかなり広い漠とした概念になることは確かである。しかしさしあたっては，このような意味での「思想」が一個の「事実」と見なし得ること，そうしてその事実としての内容を定式化すれば，結局，右のようになるであろうことを確認しておきさえすればよい。

私は歴史における「事実」とは，人間の行動と右のような意味での「思想」であると定義したいのである。

このような定義は，「事実」という概念の中に，現に生じたことのみならず，他の条件の下では生じたであろうことの可能性をもふくめて考えることをも意味している。しかし，ある時点において現実には生じなかった可能性をも一つの「事実」であるとするのは，一つの神秘主義であるように思われるかもしれない。これについて他の例を考えよう。例えばサイコロを投げて1の目が出たとき，他の目が出る可能性も1の目が出る可能性と同じであったということを，一つの判断としてではなく，「事実」として主張することは不可能であろう。また現にAが起こったためにBが起こったとき，A′が起こったらB′が起こったであろうという理由で，B′の可能性は一つの「事実」であったと主張すれば，観念論に陥ってしまうことはまちがいない。可能性の概念は，因果性あるいは確率性の概念と結びついている。しかし因果性や確率性は一つの「モデル」であって，人間の観測や判断から独立した「事実」と見ることはできない。

従ってここで主張していることは、人間の行動の中には、サイコロの場合と違って、本来因果性が「事実」として存在しているということである。それはすなわち人間は意志をもつ、人間は思考能力をもつ、あるいは人間は決定を行なう等々の言葉で表現されていることの別個の表現にほかならない、と私は思う。

だから人間の「思想」を決定函数、すなわち生じ得たであろう可能性の全体として定義するということは、「可能性の全体」を前提にしてそれを「思想」と名づけたというのではなく、「思想」の存在を前提して、その事実性を規定したものであるといわねばならない。

私には、歴史なるものが、だいたい意味をもち得るものであるのは、このような現実に起こらなかった可能性のゆえであるように思われる。もし歴史がよくいわれるように単に一回限りの事実の連鎖であるとすれば、そんなものがどうして「面白い」だろうか。

それはともあれ、このように、人間の「思想」をいわば実体化することは、直接経験によって立証可能なこと以外の存在は仮定してはならないという、実証主義の要求に違反することになるかもしれない。しかし「思想」を行動のパターンを決定するものとして捉える限り、そのことはなにか「観念」を超越的なものとして自立化させることを意味することにはならないであろう。ここでアプリオリに仮定されていることは、人間の行為は外的な条件に対する一つの選択的な反応であるとすることであり、外的な条件と反応との間の一つの断絶の仮定、直接的な因果性の否定にすぎない。

それは例えば空腹になったから食事をするという行為を、胃袋が空になったから、再びそれが満たされると考えるのではなく、その人間が胃袋が空になったという状況を意識し、それに対応して食事をとるという行為を選択した、というように理解することにほかならない。すなわちその人間は空腹のときには食事をするという反応パターン＝決定函数をもっていて、外的な空腹という状況と、決定函数との結びつきによって、食事という行為が実現したと考えるのである。このような想定は、人間の行動を理解するための便利な（実際不可欠な）前提と考えてよいのではなかろうか。

ところで決定函数を、より精密にいえば決定函数を特徴づけるパラメターを「思想」であるとするとき、それは狭い意味で意識的なものであると限る必要はないことはいうまでもない。またそれは言葉で表現された思想と直接等置できるものでもない。むしろ言葉で表現されたものは、このような「思想」を正確に、あるいは不正確に表現している「データ」であるか、あるいは「思想」に対して設定された一つの「モデル」を表現していると考えねばならない。

第一次的には決定函数、従って「思想」は個人レベルで考えられねばならない。しかし「思想」が言葉に表現できるということは、多くの個人の決定函数が多かれ少なかれ相似しているということの反映にほかならない。従って個人個人の決定函数を分類することによって、一つの時代、あるいは一つの階層における「思想」というようなものを考えることができるであろう。実際にわれわれが歴史において接近することができるのは、厳密に個人の「思想」ではなく、少なくともある程度の大きさの集団に共通な決定函数の特徴を表わすものとしての「思想」でなければならないであろう。

ここでいま一つの問題を吟味しよう。それは、人間の一個の組織体が、独自の決定函数をもつか否かである。もし組織体、例えば国家、企業、家族等の決定函数が、それを構成する個人の決定函数の単なる集合にすぎないと見なされるならば、問題はない。すべての組織体は個人の集合に分解してしまうことができるであろう。しかし「制度」や「法律」の存在は、このような分解の不可能であることを示しているのではなかろうか。例えば、法律現象は、それに従う(あるいは従わない)個人の決定函数の集合として定義するよりも、国家という一個の組織体のそのメンバーに対する決定函数を表わしていると考えたほうが合理的ではないだろうか。

ここで問題とされていることは、国家有機体説というような神秘主義ではないことに注意しよう。問題はただ組織体というかたちでの人間集団の行動に対して、それを構成している個人個人の決定函数とは別個の、一つの決定函数を想定すべきであるかどうかということである。すなわち組織体の意志決定のメカニズムを、それを構成する個人の決定とは別個のものとして考えるべきか否かである。このように考えれば、私としては上記の問題に否定的に答えたいと思う。なぜならば、このように集団に対して独自の決定函数を認めることは、個人個人の意志とは独立の集団の意志、個人個人の「思想」の集合とは独立の集団の「思想」を認めることになり、結局は神秘主義に陥らざるを得ないと考えるからである。

従って、例えば「日本は戦争をした」という命題は、その事実内容からすれば、日本国民の一人一人が戦闘行為を行なったり命令したり、あるいはそれに関連して空襲で家を焼かれたり、スパイをしたり、軍需生産でもうけたり、というようなことを意味するにすぎない。もちろんこのようなきわめて複雑な事実の全体を国家の戦争行為として表現することは、便利な、しかもきわめて有効で実際不可欠な「モデル化」にほかならないであろう。しかしそれはやはり一つの「モデル化」であって、事実そのものではないと考えるべきであろう。しかし「日本が戦争を行なった」という表現は、この意味では有用な表現であるにしても、もし「日本は戦争を望んだ」あるいは「日本は意図しない戦争に追い込まれた」というような表現については、それを「望んだり」「意図したり」したものが何であるかを明らかにしなければ、きわめて危険な命題であるだろう。このような命題は「戦争に際して指導的な地位にある人々は、戦争を望んだ」「彼等は戦争を避けようと望んだが、事実彼等の行動は戦争をひき起こす方向に進んだ」等々のどのような意味であるかを明らかにしなければ、客観的に意味のある命題ではないであろう。

もちろん、日本における個人個人の意志の複雑な複合体を、「日本という国家の意志」という名で呼ぶことが、便宜的な表現としてならば許されてよいこともあると思うが、それはつねにそれだけのものでしかない。

また、「国民性」なるものを国民一人一人にとって、いわば運命的なものとして想定することも――私は好きではないが――必ずしも不可能ではないと思う。しかし事実としては、あくまで「国の意志」「国民性」なるものは、国民一人一人の「意志」「性格」の集合にすぎない。

もちろん右のようにいうことは、国家や企業、あるいはもっと〝自然的な〟民族や人種というものの存在を否定しようというのではない。個人の集合としてのこのような組織体の存在が事実であるといってもよいと思う。この場合、例えば「階級」というような概念は事実としての存在よりも、「モデル」としての性格が強い。だから人間の集団を表わす概念がすべて直接事実を表わしているとは限らないことはいうまでもない。「民族」もこの意味ではかなり怪しい概念であろう。

ところでこのように「思想」を事実であるとすることは、それを原理的には観測データによっていくらでも精密に知ることができるということを意味している。ということは、人間行動を規定する決定函数が、一人の人間について時間的にも、また多くの人間について空間的にもある程度安定的であって、それをいくつかの指標によって十分くわしく指定することが可能であるということを意味している。いいかえれば、人間の特定の状況における反応の中にはかなり安定的なものがあって、それを一つの感情、意欲等の表現と見なすことが十分納得できるものであること、そうしてこのような感情、意欲等の諸概念の組合わせによって、特定の状況における行動が十分よく「説明される」であろうということを意味している。例えば一群の状況における人間の反応は、「悲しい」という感情を定義することを可能ならしめる。そうしてまたこの定義から特定の人間がある事件を「悲しんだ」という表現が導かれる。もちろんこのような状況群における反応に対して、「悲しい」という表現を定義することが妥当であるか否か、また特定の場合がこれにあてはまるかどうかには議論の余地があろう。しかしここで仮定しなければならないのは、このような操作を経験的に行なうことの原理的可能性である。

このことは私には、健全なそして有効な仮定であると思われる。それはいうまでもなく、いわゆる「人間性」が一定不変であることを意味しない。ある人が喜ぶような状況を、他の人は悲しむかもしれない。またある「思想」、感情はある人々についてのみ存在し、他の人々の間には見出すことができないかもしれない。このような変動性は当然認められねばならない。ただしかし、いかなる人間の行動も、何らかのかたちで秩序づけることを許す程度には安定的であることは、仮定しなければならないのである。だからわれわれは、狂人やあるいは他の宇宙の存在についてはその「思想」を考えることができないであろう。（もちろん精神病理学は狂人の「思想」を理解する手がかりを与えるが。）

5　歴史における〝説明〟の原理

ところで、歴史における「事実」を、人間の行動と決定函数であるとすれば、現実の歴史とは、歴史における外的な状況と人間の決定函数とが結びついた結果の系列であると見ることができる。すなわち計量経済学から用語を借りるならば、次のようにいうことができよう。外的な状況、すなわち「外生変数」に対応して、決定函数によって人間の行動が生ずる。ただし決定函数における変数の中には他の人間の行動も当然ふくまれるから、人間はいわば相互に影響しあうことになり、その結果一種の均衡関係によって、「内生変数」として歴史的な事件が生ずることになる。また過去の歴史的な事件は、外的な状況と同じように作用する。それは「先決変数」である。

そうしてこのような決定の相互関係を規定する「市場」にあたる場が、歴史的な社会といわれるものである。そこでもし各個人についての決定函数と、その相互関連を明らかにすることができるならば、われわれは歴史上のある時期における一個の社会を「理解」したことになるであろう。例えばA、B二人の決定函数において、Aの人の決定がBの人の決定に著しく作用するか、逆にBの決定はAの決定にほとんど影響を及ぼさないならば、AはBに対して「力」、あるいは最も抽象的な意味で「権力」をもつということを理解することができる。

歴史における一個の時代とは、このような人々の決定函数と、その相互関連の構造が比較的安定的であるような時期を意味する。決定函数を特徴づける指標を「思想」と呼んだわれわれの定義に従えば、一つの社会の一個の時代とは、その社会を構成する人々の思想群が変わらない時期であるということができる。ここで「思想群」という言葉を用いたのは、一個の時代において社会構成員が完全に等質でない限り、「思想」は決して一つではないからである。例えば封建領主の思想と農奴の思想が封建時代を構成するのである。(ただし、実は両者は相補的であるということも当然考慮しなければならない。)

ところで、このような現実の歴史の状況は、そのままでは極度に膨大かつ複雑であって、それを直接把握することはできない。それが何らかのかたちで記述されるためには、「モデル化」が行なわれなければならない。すなわちそれは簡単化されなければならない。

「モデル化」にはいくつかの方法がある。まず第一に、互いに似た状況におかれ、似たような決定函数をもつ人々は一括して、一個の集団、階層として扱われる。すなわちアグリゲーションが行なわれる。こうして一人一人の農民を考慮する代わりに、農民層というような集団をとりあげる。第二にさきにのべたような意味で強い「力」をもった個人ないしグループは別個に扱われる。君主や権力者、大きい影響力をもつ思想家などは特別に個人としてとりあげられる。

次に「事件」の中では、後に及ぼした影響の大きいもの、すなわちそれが「先決変数」として大きい影響力をもったものが重視される。これらのほかに、またこれらの操作の中に、「モデル」を作る人が重要と見なす人々なり事件なりに焦点が合わせられることはいうまでもない。また「モデル化」においては、決定函数の構造について、多かれ少なかれ理論的な仮説が前提される。

このようなモデルにおいては、決定函数の特徴は、「構造パラメター」によって表現されるであろう。すなわち、いいかえれば「構造パラメター」がわれわれの定義した「思想」を表わすということになるであろう。

ここで「構造パラメター」は一つの定数と考えねばならない。しかし「思想」は発展し得るものではないだろうか。勿論、このモデルでも「構造パラメター」が変化する可能性は否定されてはいない。しかしそれは構造が違ってしまうということを意味するのであって、その変化自体のメカニズムは全く想定されてはいない。すなわちそれはいわば突然に変化することがあっても、必然的に発展することはないということになる。*

＊ もし構造パラメターの変化を説明しようとすれば、それを説明するより広い、より一般的なモデルを構成しなければならない。そのような一般モデルは再び構造パラメターをもつであろう。そこで、結局このような一般モデルの構造パラメターは不変であると仮定するか、あるいはそれの変化はもはや説明し得ないものになると考えねばならない。すなわち、いいかえれば基本的には「人間性」は不変であると仮定するか、あるいは「思想」の基本的な変化は説明されないと考えるかのいずれかをとらねばならないことになる。私は人間性は不変であるというアプリオリな仮定は、断じて誤りであると思っている。

ところでいうまでもなく、「思想」がそれ自体の論理と外的な構造（土台）に応じて必然的に発展するということは、一つの重大な命題である。この命題はあっさり否定されてしまわねばならないのだろうか。

もちろん、この場合いわれている思想＝イデオロギーと、さきに定義した意味での「思想」を区別することによって、ある程度の解決は可能である。少なくとも思想＝イデオロギーを、「思想」の意識的な形態と定義するならば、それが変化し得るものであり、また外的条件に規定されるものであるということは可能であろう。

しかし「思想＝イデオロギーは土台の反映である」という命題を、このような扱い方でかたづけるわけにはいかないであろう。もちろん人間の採用する決定函数は、その人のおかれた持続的な状況によって影響を受けるだろうということは、当然認められる。その限りでは「思想」は各時代の状況に対応しなければならないということは容認することができよう。とくに時代が異なれば決定函数の定義域（各人のおかれる状況の可能性）も値域（可能な決定）も異なるという限りでは、それは否定しようのない事実である。しかしここで時代の状況と決定函数との間に想定される関連性が、合理的なものとして理解可能なものであるとすれば、それは決定函数を決定する超(メタ)決定函数を前提しなければならないことを意味する。私には神秘主義に陥ることなく超決定函数を定義できるとは思われない。もしそれを定義するとすれば、結局それは何らかの意味で「摂理」を意味することになってしまうだろう。

だから、「支配階級はいつでも自分たちに都合のよい思想をえらびとる」あるいは、「人間はつねに自分を正当化する思想をとる」というような命題は注意深く扱う必要がある。というのは「自分たちに都合のよい思想をえら」んだり、「自分を正当化する思想をと」ったりすることは、よく吟味すれば、決してさきにのべたような超思想ではなく一つの思想以外の何ものでもないだろう。だから、さきの命題は「支配階級はいつでも自分達に都合のよいことを考えるし、それを他の人々にも受けいれさせようとする」「人は誰でも自分を正当化しようとする」といえばすむことであって、「自分に都合のよい思想」をえらんだり、えらばなかったりするような超(メタ)思想をまともに考える必要はないであろう。

だから「思想が状況に対応する」というような命題も、よく分析吟味すれば、状況に対する反応が一定であり、例えば意識的に表明される思想は、つねに状況に対して一定の形で対応するという意味で、つまり「人間の思想は、つねに状況に対して一定の形で対応する」「人間の思想には一定不変の部分がある」ということに尽きてしまうのではなかろうか。もし「思想」を構造パラメターと考えるならば、このような命題は、あるパラメターは正でなければならないというような種類の、アプリオリな条件を表わすものにすぎないであろう。(このような先験的な符号条件というようなものは計量経済学では毎度ぶつかるものであるが、多くの場合あまり意味ある情報は与えないものである。)

現実の歴史を、決定函数の構造と外的状況との結びついた事件のいわば「時系列」として理解するとき、歴史学の主要な関心は、この決定函数の構造を明らかにすることであるということができるであろう。そうして歴史に関する理論は、このような決定函数の構造とその変化に対する一つの「モデル」を提示するものになるであろう。

極度に抽象的に考えると、人間の行動の全体 y は、きわめて多くの指標によって表わされ、従って非常に大きな次元のベクトル空間の点として表わされるであろう。またそれを規定する決定函数は $y=f(z,\theta)$ と表わされるであろう。ここに z は、その人間に影響を与える外的な条件、および他の人間の行動の全体であり、θ は決定函数を決定する構造パラメターの全体である。しかしいうまでもなく、われわれが関心をもつのは、この y 全体ではなく、ほとんど無限に多くの次元の中から「意味ある」ものとしてえらばれたいくつかの座標軸をふくむ空間への射影 $\tilde{y}$ であろう。

$\tilde{y}$ の次元も一般にかなり高いであろうが、しかし y の次元よりは著しく小さくなっているであろう。そうするとこれに応じて、z および θ もある程度次元を小さくすることができ、結局、われわれの関心をもつ決定函数は、最初の函数よりより小さい $\tilde{y}=f(\tilde{z},\tilde{\theta})$ という形のものとなるであろう。そこでわれわれは $\tilde{y}$、$\tilde{z}$ に関するデータから構造パラメター $\tilde{\theta}$ の値を計測することができるであろう。

歴史における何らかの理論は構造パラメターの可能な範囲について、一つの空間を指定するだろう。そこでわれわれは理論を前提にして $\tilde{\theta}$ を「推定」したり、理論が現実にあてはまるかどうかを「検定」したりすることができるであろう。

ところで原理的には、構造パラメター $\tilde{\theta}$ は各個人について想定されることになるが、適当な「モデル」を仮定すれば、アグリゲーションが可能になり、人々の集団についての構造パラメターを云々することができるであろう。それは各個人の決定函数の「平均」を表わすパラメターであったり、あるいは各人の決定函数のバラツキを反映する母数であったりするであろう。すなわち $\theta_1\cdots\cdots\theta_N$ をある時代ある社会における N 人の個人の構造パラメターとするとき、これらから $\varphi_1=\varphi_1(\theta_1\cdots\cdots\theta_N)\cdots\cdots\varphi_n=\varphi_n(\theta\cdots\cdots\theta_N)$ というかたちで、n 個の「社会構造パラメター」が定義されるであろう。このような社会構造パラメターが合理的にかつ有効に定義されるのは、N 人の行動 $\tilde{y}_1\cdots\cdots\tilde{y}_N$ の函数として定義される「社会行動」$Y_1=g(y\cdots\cdots y_N)\cdots\cdots Y_m=g_m((y_1\cdots\cdots y_N)$ があって、この $Y_1\cdots\cdots Y_m$ に $y_1\cdots\cdots y_N$ を代入することによって得られる「社会行動決定函数」が $\varphi_1\cdots\cdots\varphi_n$ によって表現できる、すなわち $Y_1=F(\tilde{z},\varphi_1\cdots\cdots\varphi_n)\cdots\cdots Y_m=F(\tilde{z},\varphi_1\cdots\cdots\varphi_n)$ と表わされる場合である。このようなことの可能性をしらべることが「アグリゲーション」の問題である。*

＊ アグリゲーションの問題の例としては、次のようなものが最も簡単であろう。一国の国民がN人であるとし、それぞれの所得を $y_1 \cdots\cdots y_n$、消費支出を、$c_1 \cdots\cdots c_n$ とする。そのとき、各人の消費行動を表わす消費函数は、$c_i = f_i(y_i)$　$i = 1 \cdots\cdots N$ という形で表わされるであろう。これから国民総支出、

$$C = \sum c_i = \sum fi(y_i)$$

となるが、これが例えば国民所得 $Y = \sum y_i$ の函数として表わされるためには、各 f_i について何らかの条件が必要になる。例えば特殊な場合として、

$$f_i(y_i) = \alpha_i + \beta y_i = 1 \cdots\cdots N$$

となっているならば、

$$C = \sum \alpha_i + \beta \sum y_i = \sum \alpha_i + \beta Y$$

という関係が成り立つ。これが国民全体の消費函数を表わすことになる。ここで「国民消費函数」というようなものを考えることができるのは、各個人の消費函数に特別の形を仮定したからにほかならないのであって、一般にいつでもそのようなものを云々することができるとは限らないことに注意しなければならない。

とにかく、ここで「社会行動決定函数」を考えるとき、それは何らかの社会集団についての独自の決定函数を導入しようとするものではなく、それはあくまで個人の行動決定函数の何らかの意味での集計にすぎないこと、そうしてそのような集計が可能であるためにはいくつかの条件が必要であることを注意しよう。

そこで歴史についての特定の立場は、人間行動の特定の座標軸をえらび出し、適当にアグリゲー

ションを行ない、さらにアグリゲートされた社会行動決定函数の構造について仮説を立てて、歴史の「モデル」を構成することになるであろう。そうして、データとこのようにして作られた「モデル」とをつき合わせることによって、歴史を「説明する」であろう。

相異なる歴史理論、歴史観は、当然相異なる「モデル」を作り出すであろう。ただしその相違には、えらばれる座標軸の相違と、決定函数の構造についての仮説の相違の二つの面があるはずである。前者は歴史に対する価値判断の相違を反映し、従って直接には経験的に分析し得ないものであるが、後者は「データ」との関連で直接優劣をつけることのできる部分である。しかし前者についても、より多くの座標軸をふくむモデルのほうがより一般的であり、従ってもしデータに十分適合するならば、より有効であるということはできるであろう。

6　歴史の〝発展〟

ところで歴史というものをこのように設定すると、歴史的発展というものをいろいろなかたちで理解することができる。

第一に、外的状況＝外生変数、および過去の人間の行動＝先決変数の変化に応じて、「内生変数」の時系列が得られるであろう。これはいわば一つの社会、一つの時代の発展を意味する。この場合には決定函数の構造は不変にとどまると仮定されている。

第二に、個人の決定函数の構造は不変であっても、外的な状況、あるいは時間的な発展にともなって、「社会行動決定函数」の構造は変化したり、あるいはアグリゲーションの条件が破られて、「社会行動決定函数」の存在が仮定されなくなるかもしれない。*

* 例えば一般に国民所得の函数としての「国民消費函数」は変化するし、また所得分布が非常に不安定ならば、このような概念そのものが成り立たなくなってしまう。

このような場合には、社会は自生的に変質あるいは崩壊したということができよう。また社会における各個人の決定函数が一様でない場合、すなわち一つの社会の「思想」が複数である場合、時間的な経過にともない、それらの比重が変化するかもしれない。このような場合にも、社会は自生的に変質したということができるであろう。

第三に、個人の決定函数の構造自体が変化するかもしれない。「時代の変化」という言葉は、厳密にはこの場合についていうべきであろう。しかしこのことは、理論的には一つの困難な問題をひき起こすように思われる。たしかに決定函数の構造＝「思想」の変化ということは否定し得ない事実である。しかしその変化をどのようにして「説明」できるであろうか。任意に「思想」をえらびとる「超(メタ)思想」を想定することはできないことは、さきに示した。とすれば「思想」の変化は(といっても、もちろん言葉に表現された思想の変化をいうわけではない。ここにのべているような「思想」が一定であっても、状況に応じて言葉に表わされる思想は変化し得るであろう。例えば「転向」)、一つの自然的な過程であるか、あるいは「突然変異」と見なければならないであろう。私はそれが「突然変異」であると考えることに賛成したい。いいかえれば「思想」の変化に必然的な論理はないというほうが、現在までの人間認識に対しては妥当なように思われる。少なくともそのような論理は、歴史学の範囲から除いたほうがよいと思う。ただしここで一つ考慮しなければならないことは、「教育」の問題である。すなわちある人が決定函数を選択するに当たって、他の人に影響を与えることができるということは現実として認めねばならない。しかしそのような過程を、どのようにしてモデルの中に入れることができるであろうか。もしこの過程を歴史における必然的な過程と考えるならば、構造パラメターの一部は、「内生変数」に変えねばならないことになる。しかし「思想」が「思想」に影響をおよぼす複雑なかたちを、このような方法で全面的に解決することができるかどうかは疑問であるように思う。むしろ「思想」の本質的な変化は、歴史にとっては与えられたものとして受けとるよりしかたがないのであって、それ自体を内生的に説明することはできないというほうが妥当であろう。

この点はきわめて興味ある問題である。例えば、西暦紀元より少し前に生まれたイエスなる人物が、なにか新しい宗教の説教のようなことを行ない、結局十字架上で殺されるにいたったというような事実は、歴史上の事実として、内生的に説明できることであろう。しかしこのイエスの教えが後に、ヨーロッパの歴史にあれほど大きい影響を与えたキリスト教になったという事実、そうしてそれがキリスト教でなければならなかったという必然性を、歴史的に説明するということは、ほとんど不可能であるように思われる。

私は、歴史上の本質的な「時代の変化」を表わす構造パラメターの変化は、やはり歴史にとって外生的なものとしてとどまるのではないかと思う。このことは、歴史の発展の過程の中に外的な状況の変化以外に、本質的に歴史の内部では説明できない因子を残しておくことを意味することになる。

勿論、このことは、そのような構造パラメターの変化を叙述することができないという意味ではない。むしろそれが何を意味するかを構造パラメターの変化という形で明確に表示することはきわめて重要な課題であろう。しかしその変化のメカニズム自体を説明するような「モデル」は、もはや経験科学としての歴史の内部には見出すことができないであろう。「歴史はくり返す」「歴史は進歩する」「歴史とは自由の理念の発展である」「歴史における最も基本的な事実は生産力の発達である」等々の命題は、経験的な歴史に照らして検証することはできるかもしれない。(勿論、「歴史は神の摂理の表われである」という命題は、「神の摂理」とは経験的に何を意味するかを明確にしなければ、このような検証の対象にはならない。)しかしこのような命題自体は歴史学の命題、つまり歴史の内部で科学的に立証される命題とはなり得ないであろう。

私は、率直にいって、このような「歴史の解釈」に興味がなくはない。イエスのささいな行動の一つ一つを、「予言が成就されるためであった」と説明していく、新約聖書の流儀は、読物としてはたいへん面白い。しかもそのような説明自体も、まったくでたらめなものとは思わない。それにやはり一定の論理体系があるのであって、必要ならばそれを「学問」と呼んでもよいだろう(つまり「神学」)。しかし、それは経験科学とは違う種類のものである。

歴史の変化自体を基本的に歴史の内部で説明しようとする考え方の中には、人間の「思想」は根本的には不変なものである、あるいは少なくとも状況によってゆがめられない限り、「人間性の本質」は不変なものであるとするような合理主義的な思想があるように思われる。勿論このような仮定を一つの仮説として立てることは許されるだろう。しかしそれはあくまで仮説にすぎないし、しかも私にはきわめて正しくない仮説であるように思われる。実際、逆に私は人間の「思想」の変化の振幅は、想像されるところより大きいと思っている。「人間性の不変性」をいう人々は、しばしば単に自分の「思想」をすべての人間に投影しているにすぎない場合が多い。人間の「意欲、感情、思考、信仰」といったもののバラツキは、決してそれが「基本的には同一」であるとしてしまうことができるほど小さくはないのではなかろうか。その同一性を軽々しく仮説することは、結果的にはすべての時代の人間を、特定の時代の色眼鏡で見ることになってしまうだろう。いわゆる「人間」を描いた歴史」が「事実を書いた歴史」より多くの場合つまらないのは、そこに描かれている「人間」が、あまりに「現代的」でありすぎるからであろう。(もし「現代的でない人間」が描かれた歴史があったらそれはきわめて興味深いであろう。それともそれはわれわれの理解を絶してしまって、面白くもないだろうか)。

いわゆる「現実主義」者達も同じ陥穽に落ち込むことが多いようである。彼等はしばしば現実の歴史の真の動因は、権力であり現実的な利害であって、「理想」「イデオロギー」等々ではないことを強調する。もしこのことが、人間の行動の真の動機は、しばしばその人が口に出すところとは異なるものだという意味ならば、私はこれに賛成である。しかしその真の動機が、「権力」「経済的な利益」だと決めつけられることには反対である。なぜならば、そこでは「何が権力をもたらすか」「何を利益と考えるか」ということは自明とされているが、しかし私にはこの点にこそ、真の問題があるように思われるからである。例えば中世ヨーロッパではカトリック教会は強い権力をもっていたのはなぜであろうか。それが狭義の力、つまり暴力的手段をもっていたからだというのでは答にならないと私は思う。教会はそのような狭義の力の組織として作られたのではないし、またそのような力をもっていた理由も、実はいわゆる権力の論理だけからは説明されないのである。「狼と羊」の漫画、つまり狼＝権力者（それとも共産主義者？）は、むき出しの暴力、ありがたそうなおまじない、あるいは何枚かの札束とありとあらゆるものを使って、羊＝人民をたぶらかそうとしているという構図は、たいへんよくできているように見えても、どこか根本的な欠陥があるように思われる。というのは狼は羊をたぶらかして、要するに何を得ようとしているのかがはっきりしないからである。狼の欲しているのは羊の肉だろうか。毛なのだろうか、それとも単に友情にすぎないのだろうか。あるいはたぶらかすこと自体が目的で、一種の純粋衝動によるのだろうか。（勿論ここで狼と羊の代わりに、狼ばかりのホッブスのおとぎ話を考えてもよい。歴史を理解するということは、狼が腹が減っているのか寒いのか、さびしがっているのか、それとも自分でもわけのわからない欲求にとりつかれているのかを明確にすることでなければならない。「現実主義者」たちは、しばしば独断的に狼は空腹なものだと決めこんでしまっている。）

歴史における時代の変化というものが決して歴史の内部で百パーセントは説明できないものであるというのは、真実ではないだろうか。たしかにある時代の行きづまり、一つの社会の崩壊を説明することは可能であろう。しかしその後に現われてくる新しい時代がどういうものであるかを、旧い時代の構造から予測することは、基本的には不可能であろう。マルクスも、来たるべき社会主義社会を資本主義社会の否定として以上には、説明することをしなかったのは、決して「データ」や「理論」が不十分だったからということによるのではないだろう。

しかし以上にのべたことは、時代の変化がある日突然に天から降って来るようなものだと主張しているのではない。「構造パラメター」としての思想の変化は、しかるべき準備段階（行きづまり）を経てはじめて発生するであろう。ここでいっていることは、ただその変化のしかたの規則性を与えるような理論は存在しないというだけである。

7　数量化の可能性

歴史を決定函数の構造を規定する構造パラメターによって表現するということは、私にとっては、歴史上のいろいろな問題を考える一つのビジョンとして興味あるもののように思われる。例えば、比較史においては、歴史上の相異なる時代、相異なる社会の相似性を考えるとき、決定函数の概念が一つの手がかりを与えるだろう。私の最近の経験をあげれば、中華人民共和国を紹介するテレビを眺めていたとき、ふっと中国共産主義とカルヴィニズムの親近性ということを感じたことがあった。私は両者の共通性を言葉で表わせば「世俗内禁欲の精神」という概念がぴったりした表現であると思った。しかしその言葉による表現をはなれて規定すれば、このような外的な条件のかけ離れた時代の親近性を経験的に規定するための基本的な手がかりは決定函数の構造の「近さ」ということに違いない。それによって異なる外的状況の下にある歴史社会の相互比較ということが意味をもつであろう。また「歴史の進歩」ということも、抽象的に考えれば、時間的な遠近関係がこのような意味での歴史社会の「近さ」に対応するということを意味するものでなければならないであろう。

また、かの「歴史上のもし」という概念も、同一の決定函数の構造を前提にしたとき、もし外的状況が異なっていたらという意味でのみ、興味と意味をもつものであろう。つまり、外生変数のみを変化させて、構造は不変に保ったとき、内生変数の時系列的変化がどのように変わるであろうかを見ることに興味があるのである。もし決定函数の構造までも変えてしまうのであれば、それは単なる絵空事になってしまうであろう。外生変数のみを変化させて内生変数の変化を追跡することは、「シミュレーション」と呼ばれているが、それは対象の構造を理解するうえで一つの有力な方法である。例えば、もしレーニンが狙撃されたとき、弾丸がそれて重傷を負うことがなく、かりに一九三〇年代まで彼が生きていたとしたら、ソ連および世界の歴史にどのような変化があったであろうかを考えることは、決して歴史に対するかえらぬ繰り言ではないだろう。このような問題に対して、どれだけ明確に答えることができるかによって、実はわれわれが現実のソ連の歴史およびそれの世界史における位置を、どれだけよく理解しているかが明らかになるであろう。フィクションたる小説が「人間」を理解するうえで不可欠の意味をもつことが広く認められていることを考えれば、「架空史」も、もっとまじめにとり扱われてしかるべきではないだろうか。勿論ここでいう「架空史」が通俗的なSFなどと区別されねばならないのは、それが歴史における「思想」の正しい理解に立たねばならないためであって、「架空」であるのは厳密に外的状況に限らねばならないという点にある。これはシリアスな文学作品と、やすっぽい通俗小説との違いにくらべられるだろう。

ところで、これまで構造パラメターとか内生変数とか外生変数とかいうものを、すべてなにか数量化されたものとして、数値の組であるかのようにのべてきた。これに対して、歴史上の事実とか「思想」とかは果たしてそのように数量化できるものかという疑問が生ずるであろう。上記のような議論は、実は必ずしも数量化を前提にする必要はない。ただ客観的に意味が明らかに規定できるような言葉で叙述できればよい。(数学的にいえば、任意の空間の元であってよい。)ただ、比較と変化の記述には、数量化が可能になることが望ましい。そういう点からすれば、「構造パラメター」は数量化されることが望ましいであろう。すなわち決定函数の構造は数量化されることが望ましいであろう。

ところで最近の統計理論の中には、数量化に関する種々の手法が作り出されている。いまそれらについてくわしくのべることはできない。しかし簡単にいえば、範疇的な分類が可能であることが、数量化の可能性の必要条件であり、またおそらく十分条件であろう。いいかえれば、いくつかの決定函数 $\delta_1\delta_2$……の構造を数量化できるためには、A の条件の下では δ_1 は α を生じ、δ_2 は β を生じ……B の条件の下では δ_1 は γ を生じ、δ_2 は θ を生ずる……というようなことが明らかにされるならば、$\delta_1\delta_2$…… を数量的なパラメターによって表示することは可能になる。

もし実験ということが許されるならば、右のようなことは直ちに可能になる。しかし、いうまでもなく歴史の問題においては実験の可能性はきわめて限られている。この場合には、右のようなことは推理によって導き出されるよりしかたないであろう。比較的簡単な条件A、B……等を設定し、その条件の下での決定函数の値を推理することによって、その決定函数の構造を提示しようとするのが、歴史における「理念型」の問題であり、あるいは「抽象」の方法であるといってよいであろう。

従って、数量化を可能ならしめるには、いくつかの「理念型」を相互に比較可能なものにまとめあげることが必要であろう。そうしてもしこのことが可能ならば、数量化はあと一歩で達成されるであろう。

この場合に、人間を観測機械として利用する、いわゆる「官能検査」の方法が有効であるかもしれない。歴史の専門家はそれぞれ、歴史上の各時代について自分自身のイメージをもっているであろう。しかしそれを直接互いに比較可能なかたちで「理念型」に表わすということはしないかもしれない。そこで、歴史家に系統的な質問を行なうことによって、その持っている理念型を明らかにするということは、興味ある方法であろう。計量心理学はすでにこのような手法のいくつかを提供しているのである。なお新たな手法を開発することは当然考えられてよいであろう。

私が考えているような「思想」というものは、要するにマックス・ウェーバーによる資本主義の「精神」というような概念に一致するかもしれない。そうしてそのような時代の「精神」を経験的に検証可能なモデルの中に引き込んで、それを数量的に表現することが歴史学に対する私の夢である。その夢を計量的歴史観と名づけた次第である。

ただしここで一言よけいなことをつけ加えておけば、私は世の中で最近ときどき行なわれているようないわゆる「計量歴史学」などというものについては、全面的に反対である。そのようなことを唱える人々は、つねに容易に計量化可能なデータだけを勝手に取り上げ、手近にある方法を恣意的に適用してすましているように思われるからである。私がいいたいことは一つの超(メタ)方法としてのビジョンであって、必ずしも直ちに計算機を歴史学に持ち込もうというつもりではない。

第8章　計画のイデオロギー

1　はじめに

社会現象の数量的把握は、社会の客観的認識を与えるとともに、社会現象における因果関係を量的に明らかにすることによって、意図的に社会に働きかけて社会を望む方向に動かすための手がかりを与える。社会に対する働きかけの合理的な体系は、しばしば計画ということばで呼ばれる。社会の数量的認識は、計画を可能にする前提であり、また計画の必要性が数量的認識の手段に対する要求を生み出した。二〇世紀において社会の数量的認識と社会の計画の概念が相ともなって発展したことは偶然ではない。

実際、二〇世紀はある意味で計画の時代であるといえよう。勿論、計画の概念は古くから存在していた。しかしそれが社会的な意味をもって一つの流行概念となったのは、今世紀になって、しかも大体において一九三〇年代からである。

すなわち一九二七年から開始されたソビエト連邦の五ヵ年計画は、史上最初の社会主義社会における最初の本格的な経済建設計画であった。現在、とくにいわゆるスターリン批判の観点からすれば、この計画には大きな欠点があり、またその実施には莫大な犠牲をともなったが、しかしそれは一国の国民経済の発展を意識的に統制しようとした、最初の実験として大きな意義をもっていたことは否定できない。ことに資本主義諸国が一九二九年以降、史上最悪の大不況に沈滞している中でソ連の五ヵ年計画が一応の成功をおさめたことは強い印象を与えた。そうして資本主義諸国でも大不況に対処する必要から、次第に経済計画の概念が採用されるようになった。それはアメリカのニューディールにおけるいくつかの政策の中にも、また別のかたちでは、ドイツをはじめとするファシスト諸国の政策にも現われるにいたったのである。

世界の主要な国がすべて全力をあげて戦った第二次大戦中には、国の統制と計画が、国民生活のすみずみにまで及んだ。戦後は、社会主義国家群いわゆる共産圏の拡大、ヨーロッパ諸国における社会民主党政権の成立によって、経済再建、発展の計画が多くの国で実施された。その後、社会主義思想の影響力はある意味では減退したが、なお多くの資本主義国において、いろいろなかたちでの経済計画が立案され実施されている。わが国でも数次にわたって、いわゆる経済計画が実施されていることはよく知られているとおりである。また多くの未開発国においても経済開発のための計画が行なわれている。さらに国家を単位とする計画ばかりではなく、有名なマーシャル・プランをはじめとする国際的な経済再建、あるいは経済開発のための計画、あるいは地方自治体を単位とする都市計画、あるいは地域開発計画などが数多く行なわれていることは、改めていちいち指摘するまでもないであろう。

これらの多くの計画は、その規模も内容も極端にまちまちであり、その結果においてもきわめて大きな成果をおさめたものから、全くの机上の空論にとどまったものまでさまざまである。また中には最初からそもそも計画の名に値するかどうか疑わしいようなものも少なくない。しかし私はここでは、そのような多くの計画の内容や、その効果を検討しようとは思わない。問題は、このように「計画」という概念がしばしばもてはやされるにいたったことの意味、その背後にある思想を批判的に吟味することでなければならない。

実際計画の概念は、単に国家や地方自治体等のレベルのみでなく、多くの私企業においても広く採用されている。とくに大部分の大企業では、時に一〇年以上にもわたる長期的な投資計画、企業拡張計画をもっている。さらに計画の概念は個人の生活にまで影響を及ぼしている。家族計画の概念は、最も著しいものであるが、いろいろな意味で、長期にわたる生活計画を行なうことは、一つの流行とさえなっている。一体このような現象がいかなる意味をもつかを考えるためには、あれこれの計画の現象形態を論ずるにとどまることなく、計画の概念そのものの抽象的な吟味からはじめねばならないであろう。

2　計画の意味

計画 planning とは、抽象的に考えれば、個人であれ、企業その他の経営体であれ、あるいは国家その他の公共団体であれ、とにかく一定の主体が、一定の目的を達成するために、合理的に統合された努力を払うための計画 plan をつくり、それに従って行動することを意味している。ここで目的が具体的な形で明確に設定されていること、そのためにとられる手段が目的との関連において、合理的、客観的に評価されること、目的達成にいたる過程が事前に意識的に予定されていることが、計画がその名に値するための特徴である。

この点で計画的な行動というものは、人間行動のあり方として、著しい特徴をもっている。それは、「神だのみ」や「運まかせ」の態度を捨てて、人間が自分の運命の支配者になろうとする、自立の精神を表わしているといえる。勿論人間は、自然の威力や、偶然の影響から完全にまぬかれることはできない。しかし計画は、もしそれがすぐれたものであるならば、起こり得るすべての状況をあらかじめ考慮することによって、いかなる偶然事に対しても、単に受動的にそれを受け入れるのではなく、積極的に対処する道を与えるものでなければならない。

計画というものは、こういう意味では、人間の人間たる所以を明らかにするものであるともいえよう。マルクスがいうように「いくら蜜蜂が精巧な巣を作ることができるにしても、下手な大工のほうが蜜蜂よりすぐれているといわねばならないのは、人間はものを建築する前に、それをすでに頭の中に作っていて、それに従って合目的的に行動するからである」とすれば、人間が動物よりすぐれているのは、人間が自分の望むところを明確に認識し、そのために明らかな目的をもって行動するからであるといえよう。

さらに計画的な行動は、合目的的な行動が意識的になされることを前提にしている。伝統や因習によって規定された行動は、たとえそれが合目的的であっても、計画的とはいうことができない。従って計画は、その主体が因習や伝統の束縛から解放されていることを前提にしてはじめて意味をもつ。同時に合理的な合目的的行動は、その目的自体が合理的なものであることを要求する。従ってその点でも計画の主体は、非合理的な迷信や因習から解放されていなければならない。

また計画は、目的と手段、および主体のおかれている状況との関連が客観的に認識されてはじめて可能になる。計画が十分の妥当性をもって考慮されるためには、少なくとも一定の手段がどのような結果を生ずるかについて、ある程度確実で、ある程度精確な見通しが得られなければならない。そのためには事態の客観的認識、広い意味で科学的知識が前提とされねばならない。さらに計画が意味をもつためには、少なくとも結果に十分な影響を及ぼし得るような手段が存在しなければならない。われわれの手のとどかない世界について計画を考えることは無意味である。従って計画は、目的に役立つ手段の体系の存在と、計画の主体がその手段を自分の目的のために自由に使うことができる独立性をもつことを前提とする。

このように考えれば、計画、ことに社会的意味における計画の概念が、二〇世紀になってはじめて重要な意味をもつにいたったことは当然であろう。

社会における伝統的権威や、タブーからの解放は、封建体制や絶対君主制が近代的民主制にとって代わられた後、さらに人々の意識における多くの封建的意識の残存物が長い間に克服されてから、はじめて現実のものとなった。それによって、合理的な社会的な計画が支障なく受け入れられるための基礎が作られたということができる。多くの国が二〇世紀になってようやくこのような段階に達したことは明らかである。わが国においても、敗戦前の社会には、合理的な計画の立案実行を妨げる伝統的タブーや因習が存在していたことはいうまでもない。

実際、社会や国家が何らかの明確な目的をもつものとして認識されたのは、最近になってである。それは一方では民主主義が現実のものとなって、国民大多数の希望が、組織的かつ統一的に国の政治に反映されるようになったからである。それによってはじめて国民全体の生活水準を継続的に高めてゆくことが、国家の重要な目的として認識されるようになったのである。専制君主や独裁者の意志がすべてであるような国家では、合理的な目標が、国家全体の目的として推進されることは望み得ない。ナチスドイツが、部分部分においては、高度の合理性と、最高の能率を発揮しながら、全体としての統一的な合理的目的を欠いていたのは、その国家体制の基本的な性格によるものである。しかし他方では、外的な状況が、特定の国家に一定の目的とそのための合理的な手段をとることを強制する場合も少なくない。戦争はその最も著しい例であるが、社会的・政治的な非常事態が、計画的行動の採用を不可避とすることは少なくない。現に資本主義諸国における経済計画の概念は、すでにのべたように、大不況、戦争遂行、戦争災害からの復興のための必要から生じたものが多い。

大規模な計画の立案と実行は当然、社会の基本的な現実とその運動法則に関してある程度正確な、しかも量的な把握ができなければ不可能である。このことは一方では基本的な統計資料その他が十分信頼できるものとなっていること、社会の基本的法則が科学的に認識されていることを前提とする。経済計画に関していえば国民総生産やその内訳についての基本的数字と、国民経済の再生産過程の基本法則がある程度具体的に把握されていなければならない。大規模な経済計画が実際に可能になるについては、最近の経済統計資料の整備と、いわゆるケインズ経済学以後のマクロ経済学の発展、経済統計学や計量経済学の展開により、国民経済の成長の過程を具体的な数字によって把握することができるようになったことが、大きく貢献している。逆に多くの低開発国では、基本的な統計資料が欠けていることがすべての開発計画を机上の空論に終わらせる大きな原因となっている。

最後に、経済計画なり他の大規模な計画なりが、十分実効をもつためには、その主体である国家が経済過程に実質的な影響を与えるだけの手段と力とをもたねばならない。現在では、基本的な生産手段を自分で所有している社会主義国家は勿論、自由企業経済を原則とする資主主義国家でも、財政や金融を手段として、あるいは貿易政策を通して、またときにはより立ち入って商品の価格や需給関係に直接介入することによって、経済全体に大きな影響を及ぼすことができる。このことは、一部では国家独占資本主義ともいわれる二〇世紀の資本主義の重要な特徴であり、大規模な経済計画は、このような段階においてはじめて現実のものとなったのである。それは政治的にはたいてい民主制を建て前としながらも、強大な中央権力と、それを具体的に運営する膨大な官僚機構の存在を前提としている。

3　計画の社会的性格

従って、計画というものが、いわば流行概念になったについては、その背後に近代社会の多くの基本的な潮流が結びついているといわねばならない。すなわち伝統や因習からの解放と合理主義の支配、政治上の民主主義と強大な中央官僚機構の存在、社会科学の発展とその技術化への傾向、等等。このような複雑な潮流と結びついた計画の概念は、従ってまた社会に複雑な影響を与えずにはおかない。それは一面では、すでにのべたような社会のいわゆる近代化の積極面を表わすものであるが、しかし他面それには一定の限界ないし否定的な側面も存在することは否めない。

そもそも計画の概念の発生そのものが、すでにのべたように、事物、あるいは具体的にいえば自由主義経済の自然的秩序に対する信頼が失われたところから生じている。レッセフェールの思想が「神の見えざる手」に対する楽天的な信頼にもとづいているとすれば、計画の思想は危機意識から発生している。このことは戦争などの非常事態においては明らかであるが、そうでなくても重大な問題の存在が計画の必要性を認識させる。失業の大規模な存在が雇用計画や公共事業計画を生み出し、都市問題が都市計画を緊急のものとし、人口爆発の危険が家族計画の重要性を明らかにする。従って多くの計画をもつ社会、あるいは多くの計画を必要とする社会は、それだけ多くの問題をかかえている社会であり、ある意味ではそれだけ不幸な社会であるといわねばならない。

計画は、つねに明確な目的を立てることを必要とする。それは計画の本質的生命である能率の観点からは不可欠である。しかしこのことは逆に一つの目的が絶対化され、すべての他のことはその目的に対する手段としてのみ考えられることを意味する。従って価値判断の狭い一元化をもたらす危険が大きい。勿論、計画の作成にあたって、種々の価値基準を統一的に考慮に入れることは原理的には可能であり、またそのためにある程度の努力が払われることはあるが、しかし能率至上の観点からはそれには限界があり、とくに明確な形で数量化し得ないような問題、あるいは計画期間を超える長期的な観点は無視されやすい。とくに計画が目前の緊急の問題に対処するために作成されることが多いという事情は、この危険を一層増大させる。社会主義社会の経済建設計画が重工業を中心とする近代産業の量的な拡大のみに重点をおいた結果、産業全体のバランスや製品の品質の点で重大な欠陥が生ずるにいたったこと、生産能率の向上のみに重点をおいて国民の現在の生活を軽視したために、国民生活に大きな犠牲を負わせ、また大きな不平等や不正を生ぜしめたこと、そうしてそれが結局は生産増加をも妨げるにいたったこと等は、最近広く明らかにされたところである。このような問題は、決して一部の政治指導者や政党の責任にのみ帰着させることはできない。勿論、つねによりよい計画を作る可能性は存在し、それを採用しなかったのは指導者の責任ではあるが、しかし他方では一定の目標のみを絶対化する結果、社会に重大な欠陥を生じさせ、ひいては最初の目標の達成さえ妨げられるという危険性は、すべての大規模な計画化に内在するものであるといわねばならない。わが国の最近のいわゆる経済の高度成長は、決して経済計画の産物であるということはできないが、経済計画を中心とする経済政策が、経済の数量的成長にのみ重点をおき、その結果、いわゆる「成長のひずみ」を大きくし、いろいろな公害問題を発生させたことは否定できない。

計画の概念は、すでにのべたように、ある程度まで政治的民主主義を前提にしている。国民生活の重大な障害が、計画の必要性を認識させることの前提には、国民の生活というものが重大な政治の要素であることが、いわば自明のものとなっていなければならない。逆にいえばすべて社会的な計画というものは、何らかのかたちで国民の生活を向上させることを目的としているといってよい。しかし他面、大規模な社会的計画において最も重要な要素は、手段としての人間である。すなわち国民を計画目的のために有効に動員することが計画達成のための不可欠の要件である。しかしこのことは国民が計画の主体、あるいは計画がそのために奉仕すべき目的としての地位から、その手段になり下がってしまう危険があることを意味している。人間を、一つの資源として、一定の目的のために利用しようとすると、どうしても人間の自発性、個性を尊重する代わりに、人間を操作すべき対象物として考えることになりやすい。その場合あからさまな強制によることは、たいていの場合かえって非能率であるという理由からして避けられることが多いにしても、人々を意図する方向に動かすためには、経済的、社会的、心理的な様々な手段が圧力として採用されねばならない。しかし、たとえば賃金格差というような純粋に経済的な手段にしても、それが計画当局の手によって恣意的に定められ、それによって人間配置を自由に動かすことが可能になるならば、それは国民に対する強い圧力となるであろう。また近代国家は、心理的な操作、宣伝の技術をも十分備えていることはいうまでもない。何が国民の利益であるかについて、政府の意図する方向に国民を説得することは、マスメディアを直接的・間接的に操作すれば容易であろう。従って、かりに最初は計画がある意味で国民全体の発意に出たものといえるようなものであったとしても、その実行の過程では、それは国民に対する上からの命令というかたちに転化し、国民は一般にその命令に受動的に従うか、あるいは個人的に情勢に対応して自分を守ろうとすることになりやすい。計画が大規模、長期的なものであればあるほど、その成果が短期的には生活に反映せず、またその影響の全体を見通すことは個人には困難になるので、この危険はますます大きくなる。

このような状況は、いくつかの重大な結果をもたらす。第一に真の意味での民主主義が失われるということである。計画達成が至上命令として存在する限り、能率を大きく低下させるような、計画当局に対する反対運動や、あるいは計画目的そのものに対して疑問を提出することは抑圧されねばならない。それが必ずしも直接的な政治的弾圧というかたちで行なわれず、説得と経済的手段によるとしても、その結果として、国民の側に大勢同調の受動的な姿勢が広まるであろう。根本の計画がすでに動かし得ないものとして与えられてしまっている限り、国民の側ではそれに順応するより仕方がない。従って、第二に究極の目的には無関心で目先の枠組の中で個人の利益を計ろうとする狭い利己主義が生ずる。自発的な創意が失われ、精神的な頽廃が生じやすい。第三に計画当局の権力が事実上絶対化し、国民が計画当局に支配されることになってしまう。この点は、第一に大規模な計画は当然膨大な官僚機構の存在を必要とするが、巨大な官僚機構は必然的に巨大な権力となるということによっても、さらに大規模な計画は専門的な知識技術を必要とするが、計画当局はそれを独占し、かつ計画のために必要な膨大な情報を専有して、外部の批判に対し絶対的な地位を確保することができるということによっても、助長される。その結果、計画当局は、計画をいわば自分の専有物として扱い、そこに腐敗と頽廃が生ずる危険性はきわめて大きい。計画の真の目的は忘れられ、ただ計画当局が作成した数字を達成することが自己目的とされるにいたるか、あるいはさらに堕落したかたちでは、計画当局を支配しあるいはそれに影響をもつ人々のグループの利益に奉仕するものとなってしまう。そうしてそれは国民全体の利益の名目で国民に強制されるとき、広い精神的頽廃を発生させる。このように国民の自発性が失われる結果は、最後には計画達成の能率をも低下させ、計画達成そのものを不可能にしてしまうであろう。

最近の社会主義国における経験は、このような危険の重大性を表わしている。プロレタリアートの解放を至上目的とした社会主義革命の後、社会主義建設の過程で、プロレタリアートが革命の主体としての地位から、経済建設のための最も重要な手段として、計画当局の道具として扱われるにいたったことは、歴史的な悲劇であった。そうしてその過程において、どのような抑圧と頽廃が生じたかはすでに周知のことであろう。

かりに、国民の政治的自由が保証され、計画当局が誠実に国民の利益をはかりつづけたとしても、国民を単なる計画の受益者としての地位に置くことは、重大な問題を生じさせる可能性がある。北欧諸国を中心とする社会福祉国家が、長期的な計画の成功によって、国民の経済福祉水準を著しく高めることができたにもかかわらず、国民の間に無気力、倦怠の気分を生じているなどといわれることは、その問題の一端を示すものであろう。

さらに、社会心理学や、経済学、社会学、政治学等における具体的な技術的知識の蓄積、情報伝達・処理技術の急速な発展によって、一定の計画のために国民を動員することは、それを計画として明示することなしにも可能となりつつある。すなわち、国民は自ら意識することなく一定の計画のために奉仕する結果となりかねない。実際そういう意味では、今はいわゆる自由資本主義国においても、政府のもっている計画遂行の力は、一見思われるところより大きいといわねばならない。もし、特定の条件の下で国民がどのように働き、どのように支出し、どのように投票することができるかを正確に予測することが可能になるとすれば、完全な自由経済、完全な政治的自由の保証された民主制の下でも、国民を思いのままに動かすことは容易であろう。最近のアメリカの大統領選挙についていわれたように、選挙運動が技術として極度に発達し、それが国民との対話の機会としてよりも国民を心理的に操作する手段として考えられ、その技術としての正確さが一〇ヵ月も前から選挙結果を正確に予測することを可能ならしめるとすれば、自由選挙という形式は、政府の恣意的な計画をチェックする手段にはならないであろう。

4　計画の危険性

これまで計画の問題を、一応国家を単位として考えてきた。ということは計画の主体と対象とが、少なくとも形式的には同一であることを意味している。しかしこのことは真であるとは限らない。すべての国家は、いろいろな国際的関係の中におかれている。従って一国の大規模な計画は必然的に他の国々にもいろいろなかたちで影響を及ぼす。ところが一国の計画は当然自国の利益を増進することを目的としており、その点では国家的利己主義を前提としている。従って一国の計画が効果的であればあるほど他国の利益を損うことにもなりやすい。勿論、国際的な政治上の観点から、外国の利益に関しても一定の考慮が払われることがあるにしても、有効な経済計画は、それだけで巧妙に他国を経済的に搾取するものとなりがちである。またいくつかの経済的に密接な関係にある国家がそれぞれ独立に計画を作るとき、互いの計画目的が矛盾しあうことになり、それが国家間の敵対的な関係を生み出す原因ともなることは、例えばルーマニアのソビエト連邦に対する抵抗にも現われている。多くの国の経済計画が相互に矛盾し競合しあうとき、それを調整する何らかの制度的保証が考えられねばならないが、しかし国家主権を前提とする以上、国際的な統一計画を作ることは、ある種の自然資源の共同開発、あるいは運輸交通機関の開発等のいくつかの場合以外では、ほとんど不可能であり、計画の調整は結局、政治的な妥協に終わらざるを得ない。ということは政治的・軍事的に強大な国家の利益が最もよく護られることになり、弱小国の利益は侵害されやすいことを意味する。勿論このようなことはどんな条件の下でも生ずることではあるが、計画的に組織された国家は、自由主義的体制の下における個々の企業よりそれだけ強力であり、外国にとっては危険な相手となる可能性をもっている。とくに現在の段階では、有効な計画をもち、あるいはもち得るのは、すでにのべたように少なくともある程度近代化された先進国に限られており、これに対して低開発国では、種々の悪条件が重なって有効な計画を作成することは不可能である。従って効率の高い計画によって先進国の国家利己主義が思いのままに発揮されるならば、低開発国は直接・

間接に搾取され、国際間の経済力、生活水準の格差はますます拡大するであろう。(現在では国際的な政治情勢がその危険が明白なかたちで表われることを一応妨げているけれども。) ここで問題は、強力な国が軍事的・政治的圧力によって他の国に自分の意志を強制するということではない。かりに全くそういうことがなく、いわば国家間の自由競争が行なわれると仮定しても、強力な国はちょうど自由な市場における大独占企業のように、市場を思いのままに支配することができるということが問題である。もし例えば、強大な先進工業国家が原料の需要者、工業製品の供給者として世界市場に独占的な地位を占めるとき、原料の供給者、工業製品の需要者としての未開発国は、先進工業国の個々の企業に対応しなければならない場合よりも、一層不利な地位におかれることになるであろう。

このような危険に対して、他方ではいろいろなかたちの国際的な援助計画の存在を指摘することができるかもしれない。しかしそれについては、いくつかの問題点がある。第一に現在のいわゆる経済援助は、アメリカその他の自由主義国によるものにせよ、ソビエト連邦をはじめとする社会主義国によるものにせよ、国際政治の観点から、いくつかの特定の国の歓心を買うためになされている場合が大部分である。従ってそれは、たしかにある限度までは援助を受ける国の利益にはなるにしても、本来その国の国民の長期的利益の観点から計画されたものではないから、結局、単にその国の支配階層の利益を増進するにとどまるか、場合によっては特定グループの勢力を強化するだけに終わって、国の経済に腐敗と歪みを残すことになりかねない。従って経済援助計画が、真に援助を受ける国の国民の利益に一致するためには、それがその国の主体的な開発計画によって裏づけられねばならないが、未開発国にはそのための体制が欠けている場合が少なくないし、また外国からの援助に頼ること自体がそのような体制の樹立を妨げていることは、いくつかの国に実際に見られるところである。かりに国際的な援助が適当な国際的機構を通して、真に有効適切なかたちでなされるとしても、被援助国を単なる受益者の地位におくことは、結局その国の真の意味での独立を妨げることになるであろう。

逆に、強力な先進国家の一つないし多数が積極的に世界を征服するための計画を作り、実行するとすれば、現在の軍事的・政治的技術の発達によっていかなる野望も十分実現可能なものとなっている。ここで問題は、例えばヒトラーのような人間が核爆弾を持つにいたるというようなことだけではない。勿論そのような危険も決して無視できないが、しかしここでの問題は、より「健全な」国家における、より「現実的な」国家利己主義の観点から作り出された合理的な計画が、一つ一つの論理の必然的な段階を追って、ついに破局にいたる危険性である。すなわちひとたび設定された国家の利益を護るために、あらゆる手段が動員される結果、そうしてその努力の大きな部分が国民の心理を操作して、同意と協力を獲得することに向けられるために、いったん動き出した計画を途中で止めることは勿論、その過程に干渉を加えることも不可能になる。ベトナム戦争がその一端を示しているように、「計算機による戦争」は、個々の政治家や軍人の野望を超えて一歩一歩しかし無限にエスカレートしてゆく危険性をもっている。最初に設定された目標が替えられない限り、変化する状況に応じて計算機が出す答は、つねにより強い手段をより徹底して用いることである。目標そのものの再検討がなされない限り、このようなコースから逃れることはできないが、計算機自体には勿論このような自己反省の能力は欠けている。しかし他方、一般国民には、大きな計算機の働きのどこが間違っているかを見つけることは難しいし、とくに「民主主義を守る」あるいは「自由を守る」というようなきわめて正当に思われる課題に対して、ほとんど理解し得ないような複雑な計算から出された答が、たとえば「限定核戦争」などというものだといわれれば、途方にくれるほかないであろう。しかも国民に与えられる情報がこれまた高度の計算にもとづいて操作されているとすれば（例えば敵味方の損害の数字は、国民に対する心理的操作という観点から慎重に計算されねばならない。それはいわゆる大本営発表式の単純な誇大発表ではなく、それぞれの時点において、その時の段階に応じた心理的影響を与えるために、注意深く演出されねばならない）、正確な判断を下すことはほとんど不可能になる。勿論ここで計算機といったのは、現実には単なる電子計算機のことではなく、膨大な軍事機構を意味しているが、それが危険なのは、軍事的あるいは政治的冒険主義者が、自分の野心のためにそれを利用するかもしれないということよりも、むしろその軍事機構に内在する論理が、個々の軍人や政治家の野心や意向とは無関係に、国家の動く方向を決定してしまう可能性があるからである。

現在の段階において、世界の強国がどの程度、国際政治上あるいは軍事上の計画をもっているかは、もしそのような計画が存在するとしても、当然各国の最高機密に属する以上、明らかでない。

しかしもしそのようなものが存在するとすれば、それがその趣旨においては侵略的・攻撃的なものでないとしても、きわめて危険であるといわねばならない。それはすでにのべたような計画というものにともなう危険をもつばかりでなく、それが秘密にされ、従って国民がそれをチェックする手段を持たないということのためにその危険性はきわめて大きくなる。

5 計画の生み出す思想

これまでのべたように、計画の概念は、現代社会において基本的な地位を占めるにいたっている。従ってそれが現代の思想の中でも重要な意義をもっていることはいうまでもない。しかし現在の時点において、計画の概念の思想的意義には、一つの転換がなされねばならないと思う。

計画の概念は、これまで社会主義思想を第一として、主として進歩的・民主的な思想と結びついて考えられてきた。計画に反対するものは、国民大多数の利益と背反する既得権益を守ろうとする階層か、あるいは非合理主義的な反動思想の持ち主であるかのように思われてきた。社会主義に対する否定的な批判、なかでもそもそも自由市場によらなければ経済の合理的な運営は不可能であるという議論や、国家権力による生産手段の独占は必然的に国民の奴隷化をもたらすという議論は、デマゴーグ的宣伝でなければ、理論的な錯誤にもとづくものであると思われるにいたっている。少なくとも理論的には、経済その他の計画の可能性を否定することはできないし、また一定の条件の下ではそれが望ましいものであることも確かであるというのが、通説になっている。従って、現実に社会主義国に見られたような政治的専制は避けながら、民主主義が保証された制度の下で、社会主義経済を建設するか、あるいは、全面的な社会主義化にともなう摩擦を避けつつ、ある程度計画化をとり入れたいわゆる混合経済体制を作ることが、望ましくもあり、また歴史の必然的な方向でもあると見なされている。

このような状況の下では、計画の概念そのものに対して、根本的な疑問が提起されることはほとんどない。勿論、個々の問題に対しては、計画の有効性に疑問がもたれることもあり、またすでにのべたような、計画化にともなう弊害に対する批判はいろいろなかたちで行なわれているが、しかし計画の概念の基本的な前提が問題にされることはあまりない。しかし実はそのような前提こそが批判的に吟味されねばならないと思う。

計画の概念にともなう第一の前提は、国民生活全体に対して、何が望ましいかを決定する一元的な価値基準が存在し、かつそれを少なくとも近似的には客観的な数量的尺度で表わすことができるということである。勿論、純論理的にはこれが疑わしい仮定であることは誰も否定しないであろう。それにもかかわらずこれを否定することは、人間の平等を否定する反民主主義的思想か、国民や民族の栄光というようなものを絶対化する非合理的な全体主義思想を意味すると思われてきた。しかし人間が平等の立場におかれ、かつ偏見や迷信から解放されるならば、価値基準の相違は解消されるだろうというのは、合理主義思想のもたらした一つの神話にすぎない。かりにそれが神話でなく、現実の傾向であるとしても、それが真に理想的な状態であるかどうかは、くり返し問題とされねばならない。勿論、すべての人間に対して生命、自由などの基本的権利は一様に保証されねばならないし、それについて一般的な同意が成立することは、近代社会にとって基本的な最低限度の条件である。しかし、それを越えたところで価値基準の多様性がなくなることは、はたして望ましいことであろうか。もしすべての人間が、同じことを望み、同じような行動をするとしたら、社会の動的な発展力は失われてしまうことにならないであろうか。現在、資本主義国、社会主義国を通じて見られる生活と文化の画一化の傾向が、決して喜ぶべきものではないということを認めるとするならば、実はそれが一面では計画化に最も好都合な条件をもたらしつつあると同時に、他面では計画の産物でもあることを認識しなければならない。すなわち、すべての国民が一様に、テレビ、乗用車を持つことを望み、他の人々と同じように生活しようとすることを願うならば、計画の作成は、きわめて容易になる。他方、計画当局あるいは独占的超大企業は、長い間の宣伝広告その他の操作を通じて、国民の需要、趣向を画一化し、かつそれを自らに好都合な方向に導くことに大いに努力してきたのである。そうしてこのことが、全面的な経済の計画化をともなうか否かにかかわりなく、経済の効率を高め、数字の上での成長率を上昇させるのに大いに貢献したのである。

このことは計画の概念にふくまれる第二の前提、すなわち計画の尺度となる価値基準は国民の全体的意志と少なくとも究極的には一致するという仮定に対する疑問を提起する。かりに現在の国民の全体的な願望を忠実に反映し、それを能率的に実現するような計画が作られるとすれば、それは理想社会を実現するものとなるであろうか。例えば現在アメリカに見られるような、国民の一般的消費水準と住宅、教育等に関する社会的投資の恐るべき不均衡は、ふつうアメリカ資本主義経済体制の無計画性によるものとされるが、しかしもし国民が現に公立学校の施設の改善よりも、三台目の乗用車を持つことを望んでいるとすれば、国民の願望を忠実に反映する経済計画は、やはり自動車の生産を増加させることを第一の目標とすることとはならないであろうか。勿論このようなかたちで疑問を提出することは、あまりにシニカルであると思われるかもしれない。しかし乗用車と教育支出と軍事支出というような問題について、国民が正確な判断を下すことがつねに可能であるとは限らないし、いずれにしてもその判断が現在までの社会的・歴史的条件に規定されたものとなることは当然である。といっても、逆にもし計画当局が国民全体の名において、国民の意志とは無関係に、国民のための価値判断を代行しようとするならば、それは民主主義の根本理念に矛盾するものであり、せいぜい啓蒙的専制と呼ぶほかはないし、またその内包する危険性は明らかであろう。

このような点からしても、計画の概念は、第三の前提として、現状維持を暗黙のうちに仮定している。すなわちある程度長期の計画をたてるに当たっては、その期間中、最低限度価値基準だけは不変のものと考えねばならない。従って、少なくとも基本的な観点において、計画期間中は現在時点の状況が維持されねばならないことになる。このことは計画化された社会に一つの惰性を持ち込むであろう。未開発状態にある国が、すでにでき上がった先進国をモデルとして計画を作成する場合を除けば、結局、現状において望ましいと考えられるものをそのまま未来に投影するよりほかはない。すなわち計画の概念は、この意味で根本的には保守的な思想にもとづいているといわねばならない。

らない。実際、社会主義諸国の経済計画も、最初は先進資本主義諸国に追いつくことを目標として作られたものであり、その目標がある程度まで達成された後は、結局これまでの傾向を延長したかたちで計画が作られているにすぎない。

計画の概念の保守性は、より表面的な点では一層明白である。すなわち計画を云々するとき、少なくとも計画期間中は、現在の社会制度の基本的枠組は不変なままに維持されるものと考えられねばならない。この点で革命的社会主義者は、資本主義国家における計画化に反対するであろう。しかし、もし彼がそれに対して社会主義的計画を対置させるとするならば、彼はやはり真の意味では革命的とはいえないのではなかろうか。というのは、たとえいかに革命的思想家の考えによるものであるとしても、計画は空想的なものでないとすれば、何らかの意味で現状を前提としなければならないし、現状を前提とする限り、過去の社会的・思想的遺産から完全に解放されることは不可能だからである。マルクスが社会主義社会についての未来図を書くことを拒否したのは、真の革命的思想家にふさわしいことであったといえよう。

実際、社会主義国が未来社会の豊かなイメージを与えることに失敗したことが、社会主義諸国が経済建設計画の一応の成功にもかかわらず、対外的にも国内的にも、その威信を失うにいたった重要な原因となった。それは想像力の貧困が、魅力ある計画の構図を描き出すことを不可能にしたというよりも、むしろ計画的な思考形式そのものが、豊かな想像力とは相容れないものであることを示しているのではなかろうか。

計画の概念は、具体性と現実性とを基本的な性格としている。従ってすでにのべたように社会関係の具体的な認識と、それにもとづく技術的な手段の存在を前提としている。このことは具体的な事実認識と直接的に有用な知識の尊重を意味する。計画概念の流行にともなって、「イデオロギーの終末」「社会科学から社会工学へ」というようなスローガンが広く唱えられるようになったことは当然である。勿論、観念論的・形而上学的イデオロギーが前近代的な思想の遺物として排斥されることは望ましいことであるにしても、具体性と実用性の偏重は、それ自体種々の危険をふくんでいる。第一にそれは具体的な数字に表わされないような事実の軽視ないし完全な否定に導く危険がある。それは木を見て森を見ないのみならず、森の存在そのものを否定しようとするにいたる。従って長期的な歴史的展望が失われ、長期的な計画を歴史的発展の方向に即して、正しい方向に導くことが不可能になる。勿論ここで、何が歴史的発展に即した「正しい」方向であるかには議論がいろいろあり得るし、それについて統一的な意見はそもそも存在し得ないかもしれない。しかし大切なことは、長期的な計画は、もし長期的・歴史的展望が得られないならば、そもそも不可能であるということを認識することである。歴史的発展の方向などは知り得ないという理由で、ただ最近の過去の傾向を直線的に未来に延長して計画を立てることは、結果的には未来を過去にしばりつけるものになるという点で、歴史的発展の方向に関する空想的理論よりもかえって無責任であり、有害である。いわゆる「現実主義」的な思考は、そこで理解されている「現実」の範囲と限界を正確に認識することによって、はじめて真の意味で現実的なものとなるが、このような現実の及ぶ範囲を認識し、その限界を批判することは単なる技術論を越える科学的認識によってはじめて可能になるのである。第二に具体性の偏重は、具体的らしく見えるものを、そのまま事実と見なす誤りに陥りやすい。社会現象においては、そもそも「事実」そのものというようなものは存在しないのであって、社会的事実というものは、すべて何人かによって観測され、記録され、それがさらに多くの人の手をへて、一定の形式で報告されたものにほかならない。従ってそれは対象となる事実そのものから社会的に生産されたものであるといえる。従ってその過程で多くの加工、変形が加えられることは当然であり、またその加工の過程は、その時の歴史的・社会的条件によって規定されることはいうまでもない。従って、異なる時期、異なる社会においては、同じような「事実」として報告されたものが、事実そのものとしては甚だ異なっているかもしれないし、逆に同じような現象が、全く異なる「事実」として報告されるかもしれない。従って例えば同一の数字で表わされているものが、異なる時、所でも同じ意味をもつと考えることは危険である。例えばある家族の所得が同じ単位に換算して年間六〇〇〇ドルであるというとき、その家族がニューヨークに住んでいるか東京に住んでいるか、カルカッタにいるかで、その数字の意味するところは全く異なるであろう。それは単に東京の中流家庭の所得はニューヨークでは貧困家庭の所得に対応し、カルカッタでは富裕な家庭に対応するというだけではない。実はそれらの数字は全く異質のものであって、相互に比較することはほとんど不可能に近いのである。実際、社会現象における具体的な事実を表わすと思われている数字の大部分は、所得金額のように、実は多くの仮定の上に立って作られた仮説的な数字か、そのときの制度、社会慣習に従って便宜的に作られたものにすぎないのである。しかしわれわれが経済計画を論ずるときには、このような数字のあいまいさは忘れられて、1パーセント以下の細かい数字が云々され、それによってそれだけ計画の基礎づけが科学的になったという幻想が抱かれることが多い。

最後に、計画概念の基礎には、一つの基本的な価値観が存在している。それは国家や、社会やその他すべてのものの評価は、その作り出したものの大きさによってなされねばならないということである。どのようなものが高く評価されるかは場合によって異なるにしても、つねに問題にされるのは、「何を」作り出したかであって、「いかに」ではない。結果がすべてであって、その過程は、結果との関連においてのみ問題とされる。このことは、現在ではあまりに自明な前提であって、それに疑問を提出することさえ考えられないことのように思われているかもしれない。また政治の分野では結果はすべての手段を正当化するというのが、歴史的な伝統でもあった。しかし計画が国民生活のすべての分野をおおうにいたるとき、すべての評価が結果だけの観点からなされることは、人間のあり方に望ましくない影響を及ぼさないであろうか——とくに原理的にはともかく、現実的にはその成果がもっぱら外形的な「もの」の観点からのみ評価されるとすれば。個人にとって巨万の富の蓄積が、結局は何ものも意味しないかもしれないとすれば、国家、社会、あるいは人類全体にとって、一人年五万ドルの所得水準、一人一台の乗用車、あるいは月の征服というようなことが、結局は何を意味し得るであろうか。

勿論このようなことを論ずることは、計画論の範囲外である。しかし計画的思考が、このような問題を提起するための妨げとなる危険性は大きいといわねばならない。

6　〃人間〃の回復の必要性

計画の概念は、すでにのべたように個人の生活の分野にまで及んでいる。それは一見個人生活の合理化をもたらすという点で、望ましいことのように思われるかもしれない。しかし個人の範囲では、結果のみを重視する価値観に支配されることの影響はより重大である。人が一定の目的を達成するために一生努力するとき、結局その人の人生の大部分は目的に向かう一つの過程である。人が充実した生涯を送ることができるのは、その過程がその人の真の個性に一致した場合であり、そのとき究極の目的が最後に達せられるか否かは実はほとんど無関係である。とすれば、結果がすべてであって、過程はそのための手段以外の何ものでもないと考えることは、自分自身を全く一つの目的、しかも現実的な、いいかえれば、いかなる意味でも高い理想とは無関係な目的のための手段としてしまうことを意味する。となれば結局、人生そのものに何らかの意義を見出すことはできなくなってしまうのではなかろうか。

現在では、生まれたときから、一流大学に入学することを目的とし、大学に入れば一流会社に入ることを目的とし、会社に入れば「出世」することを目的として、自分自身をコントロールし、すべて計画的に行動することが、最も合理的な賢明な人間のとる態度だと思われている。しかしこのような人間が全くのエゴイストであることはいうまでもないこととして、実はこのような人間は、他人に対してのみならず、本人自身に対しても、決して幸福をもたらすことはないということは見逃してはならない。「出世」のために、自分の感情も、感覚的喜びもすべて完全にコントロールするような人間、将来の目標のために現在を無にするような人間は、幸福な人生を送ることはあり得ない。結果がすべてであるとする考え方は、結局、個人の生命の有限性と本質的に矛盾せざるを得ない。

人間存在そのものが、所詮矛盾に満ちたものであるとすれば、人生の全体を合理主義的に計画しようとすることは本来不可能な企てである。のみならず、それは人間の本性と矛盾するものとして、人間性に歪みをもたらすものとはならないであろうか。

しかし現実には、世界全体を通じて、計画的思考形式は、人間生活の全体にますます強い影響を及ぼしつつある。すべての人間は、もっぱら、何を作り出すことができたかという点からのみ評価され、何ものか結果を作り出すこと、そのためにあらゆる手段を合理的に統合することが、個人にとっても、集団にとっても、唯一の目標とされるにいたっている。個人の主観的動機を問題とする道徳や、何をなすかではなく「いかに生きるか」を説く倫理や宗教は、時代遅れの迷信と思われている。

しかし他方では、このような風潮に対する反発や反逆も、いろいろなかたちで表われつつある。世界各国における学生運動の激発や、中国の文化大革命は、その具体的な方向の是非はともかく、計画的思考にとらわれた現在の支配体制に対する、アンチテーゼを表わしている。

勿論われわれは、社会的な計画の概念を捨てて、レッセフェールの思想に逆もどりすることはできない。それは現実に不可能であるばかりでなく、現在の段階では、政府の明示された計画に反対することは、よりかくれたかたちでの計画的操作をコントロールされないままに放任する可能性があるという点で、かえって危険である。のみならず計画が現実に必要でもあり、かつ有効でもある分野が、まだまだ多く存在していることも事実である。計画的思考に対してただ単に非合理主義的な「反抗」を企てることは自殺的行為といわざるを得ない。われわれが何よりも必要としているのは、計画の概念そのものに方向づけを与えるような、一つの思想であり、それは単なる目的・手段の論理的結合というような、単純な合理主義を越えるものでなければならない。

第9章　新政治算術のすすめ

数量的認識方法は、近代社会において、人々の考え方にいろいろな影響を及ぼした。それは一部は人々の考え方の変化の結果であり、また逆にそれが考え方の変化をもたらした面もある。その因果関係を確定することは困難であるが、結果として次のような変化を生じたといってよいであろう。

(1)　すべての現象、対象を質的なカテゴリーの相違ないし対立の観点からではなく、本質的に同質的なものの量の差として理解しようとすること、一見質の差が見られる場合にも、その背後にそれを量の差に還元するような実体を求めることがつねに試みられる。色の差は、光の電磁波の波長の差という量に還元され、化学元素の違いも、原子量の差に帰着させられる。

そのことが、個別的な質の差に対する無関心、無視を生み出している。質の差は、主観的なものとして、〝客観的〟な議論の枠外にあるものとされてしまう。

(2)　そのことは、社会的現象、あるいは人間にも及ぶ。人間は形式的にはすべて同質のものと見なされ、身体的あるいは心的計測の結果に表われる数量的な差異のみが現実のものとされる。また人間および社会的組織は、その人間の作り出した客観的な〝結果〟によってのみ評価されることになる。

(3)　このことは、人間を前近代的な出生、宗教等々にもとづく非合理な差別から自由にするという意味では、人間の平等と解放をもたらしたが、同時にそれは人間の個別性への無関心を生み出し、人間の主体性への無理解を生じている。すべての人間はそれぞれ個人としては、自分自身にとってかけがえのない存在であり、身長や体重や、ＩＱ指数や、所得や資産やといった数字をいくらならべても、それは〝自分〟ではないということが忘れられてしまう。

(4)　量の論理は、少なくとも〝さしあたって〟は価値の問題を棚上げにする。何が正しいか、何が人間にとって善いことであるかということは客観的に計測できることではない。従って、とにかくそのような問題は別にして、計測可能な量的側面だけをとり上げようということになる。

(5)　しかし〝価値〟の問題は、少なくとも客観性あるいは形式的合理性を超越した面をふくんでいる。〝客観的〟にいえば、人間が個人としても人類全体としても、宇宙全体の空間的・時間的拡がりの中では無に等しいということは否定しようのない事実である。従って量的な拡がりの観点で考える限り、人間の〝価値〟ということは本来矛盾である。個人としても集団としても人間の〝価値〟は、自分自身の占めている時間・空間の中の一点がかけがえのないものとし、そこに固執することによってはじめて生じて来るものである。またそういう意味では、逆に人間の〝価値〟は人間の有限性に基礎をおいている。〝価値〟は特定の人間、特定の現象、特定の行為にかかわるものであり、それが意味をもち得るのは、実は人間が全体としても、個人としても有限の大きさを持ったにすぎないからである。もしそうでなければ、いかなる特定のものごとも全体の中ではゼロということになってしまうであろう。どんなものでも取りかえが可能であり、またすべてがやり直し可能ならば、結局すべては無になってしまう。

従って無限の拡がりを前提にしている量の論理と、人間の〝価値〟との間には、本質的に矛盾があるといわねばならない。従って量の論理において、〝しばらく価値の問題をカッコに入れておく〟ことにしても、そのカッコを外すことは、なかなか困難である。結局、とにかく大きいことはよいことだ、という最も卑近な考え方に陥ってしまうことになりやすい。

(6) ところで量の観点は、また連続の観点でもある。それによればすべての変化は、量の増加ないし減少としてのみ捉えられ、突然の断絶は否定される。そうして量的変化である限り、それは質的変化とは違って継続的であり、日常的であり得る。変化が〝正常〟であり得るということは、量的な変化についてのみいい得ることである。連続的、漸次的で量の拡大としての〝成長〟という概念こそは、きわめて近代的な概念であり、前近代社会にはないものである。しかし成長の観点からは、量の変化と見えるものが、あるところで突然、非連続的な断絶を生じるかも知れないということは、見落とされがちである。

(7) すべてを量的な拡大というかたちではかろうとする考え方は、科学そのものの判断にも及んでいる。科学は知識の量的な拡大、あるいはより適切な言葉を使えば〝情報〟を蓄積することにほかならないとされる。知識という言葉は少なくとも、それを持っている主体が〝知る〟ということの意味づけを内にふくんでいるが、〝情報〟は全くいかなる〝意味〟からも離れた形式的な概念であり、それは可能ないくつかの場合の中から一つの選択をあたえるものという以外の意味をもたない、全く〝中立的〟な概念である。従って〝情報〟は電子計算機によっても、あるいは電子計算機のほうが、人間よりも有効に蓄積することができる。これに対して電子計算機が、あることについて〝知識〟を持つといえば、少なくともしっくりしないものがある。知識から人間にとっての〝意味〟を取り去ってただ情報としてのみ捉えるということは、〝価値〟に無関心な量の論理の特質の一つの現われである。

(8)　従って結局、現代社会の行きつくところは、量的拡大のための拡大、成長のための成長、変化のための変化であるように思われる。

ところでこのような傾向は、人間社会の発展にとって必然的なものであろうか。われわれは未来学者のいうようにますます多くの〝情報〟を集め、ますます多くの物質を消費し、ますます速く移動するような、〝未来人間〟になるために自らを調整してゆかねばならないのであろうか。そのようなことが馬鹿げているとか、いやだとか考えるのは時代遅れの落伍者として、〝処理〟されてしまわねばならないのだろうか。

この点で二つの問題がある。一つはそのような未来学流の〝発展〟の可能性であり、一つはその必然性である。勿論、必然性は可能性を前提にしてはじめて成り立つものであるが、一部の未来学者はこのような可能性を全く疑っていないように思われる。しかし、はたしてそうであろうか。

まず第一にいくら強調してもよいことは、盲目的な量的な拡大が、つねにきわめて不均一なものであるし、また不均衡を拡大しつつあるということである。時々発表される楽観論にもかかわらず、いわゆる先進国と後進国の間の経済上の格差は、ますます拡大しつつある。一方でほとんど飢えている二〇億の人々をかかえながら、同じ地球上で先進国の数億の人々だけが、あるいはさらにその中で数百万の人々だけが、一人年五万ドルもの所得を得、しかも毎年その所得は増加しつつあるということは、もしそれに仮りに同一の国の中であったなら、強烈な暴力革命をひき起こすのに十分な社会的不均衡ではないだろうか。

同じような不均衡な点は先進国の内部にも見られる。それは単に先進国の内部においても所得分配が不平等だというだけではない。いや、むしろ所得分配の不平等性は、多くの先進資本主義国、社会主義国では、いぜんとして目ざわりな程度に存在しているとはいえ、もはやそれほど重大な問題ではないように思われる。それよりもむしろ問題は、すべての人々が程度の差はあってもこうむっている生活上の不均衡である。社会的・公共的部分と私的生活に属する部分との不均衡——例えば個人は三台目の立派な自動車は持っていても、学校の建物の改善に使う税金は負担しようとしないこと、逆に最新式の立派なオフィスで働いている人達の住宅が、悲惨なまでに小さく設備も欠けていること等々、また国家が、いつ起こるかわからない、あるいは起こってしまったら人類の滅亡を意味するような戦争のための〝防衛費〟には毎年数百億ドルを費やしても、毎年確実に数十万の人命を損なっている事故や、防ぎ得る病気に対する〝防衛〟の費用は惜しんでいること等。

第二に、しかしこれと同程度に重要なことは、量的な発展にはすべて限界があるが、その限界は量の論理そのものからは出て来ないことが多いために見過ごされていること、しかしその限界が実はそろそろ現実のものになりつつあるのではないかということである。その限界の一つは地球が有限の大きさしか持たないということである。この点はこれまで利用可能な資源の量という点から論ぜられてきたが、最近ではいわゆる汚染 polution の問題が、別の意味でも地球の大きさに限りがあることの重大性を明らかにしつつあるように思われる。いま一つの限界は人間の生理的・精神的適応性の限界である。勿論、人間は自然的・文化的環境の変化に対して高度の適応性をもっている。しかしそれにもやはり限度があるのではないか。適応するひまさえないような絶え間ない変化に対しては、結局破綻を来たすのではないかということは、世界中の大都市における犯罪や精神障害者の激増にも現われているといえよう。

ところで、最近の社会科学をもふくめて科学技術の発展は量的にはきわめて急速であるが、現代の〝問題〟に対しては、それは必ずしも十分効果的でないばかりか、それ自体が新たな問題を作り出してさえいるように思われる。

科学と技術の結びつきがきわめて強くなった結果、科学的研究の結果が実用化され、人々の生活に影響を及ぼすことが、ますます多くなった。自然科学のみならず、数学や、あるいは一部の社会科学、人文科学も現在ではいろいろなかたちで〝利用〟されるようになっている。しかしこれに対して科学研究者そのものはそのような実用上の〝価値〟についてはきわめて無関心であるか、あるいは実用化されるということ自体に満足している。ある場合には技術的な可能性が、人間の必要とは無関係に新たな実用性を作り出すことを、科学技術者が積極的に推進している。それがとくに、多くの場合ほとんど架空の軍事上の利益や、国家の〝威信〟と結びつく場合には、実用ということは、全く架空の〝必要〟の上に作り出すことができる。太平洋を三時間で横断したり、火星に人間を送り込んだりすることは、勿論それ自体無意味ではないにしても、莫大な費用を使うには価しないこと、科学研究という点からいっても、もっと緊急な必要が他にいくらもあることはほとんど誰でも知っていながら、しかし結局そのための費用は毎年支出されている。勿論、私は人間が月へ行ったりすることを、単に卑近な感覚的満足と結びつかないからという理由で否定しようというわけではない。しかし月に人間を送り込んだことは、そのための人的・物的資源を浪費し、その結果として他の可能性を断念したことによって、おそらく結果的には数百万の人命を損なっているであろうということを忘れてはならない。問題は単にそれが悪いということではない。問題は、一人の人間を月に送るために数百万の人間の生命を犠牲にすることを誰が決断したかということである。月の岩石をほしがった科学者が、自分たちの研究上の好奇心をみたすことが数百万の人命に値すると決心し、社会にその決意を受け入れさせたというわけではないであろう。国家の〝威信〟のために計画を認め支出を決定した政治家が、あえてそのことを意識的に選択したというわけでもないだろう。しかし、月に到達した一人のために要した費用をもし他の目的に使うことができれば救うことができたかもしれない何百万の飢えた人々のことを、誰も考えなかったとすれば、月ロケットは人類にとって誇るべきものだろうか。

事実、科学的研究の表面的には急速な発展にもかかわらず、それが人間の真の〝必要〟と結びつくことは、かえって稀になりつつあるのではないかとさえ考えられる。そのことは、例えば後進国開発問題、公害問題などに対して既成の社会科学が無力であることからも明らかである。

勿論、科学的研究の価値は、その実用性のみにあるわけではない。私は人間を人間たらしめるものとしての文化の不可欠の要素として、学問というものが芸術とともに実用性を離れた意味をもつものであることを確信している。その意味では科学のための科学 science for science's sake は最も大切なものだと考えている。しかしそのような学問あるいは科学は少なくとも〝意味〟のあるものでなければならない。すなわちある意味で人類の共通の財産となるような、それだけ人間の精神生活を豊かにするようなものでなければならない。これに対して、もし科学者自身にとってすら自分の研究の意味が理解されず、ただ巨大な計算機のみが蓄えておくような〝情報〟を集積するだけのことであれば、そのような〝研究〟には意味も価値もあるとは思われない。情報のための情報 information for information's sake などということはナンセンスである。ところが最近における科学研究の〝巨大化〟は学者の分業の細分化を進め、特定の分野の専門家以外には、研究の結果を理解することを困難にするのみならず、実は専門研究者も全体の見通しを得ることができないために、自分自身の研究の意味づけ、位置づけができないようになりつつある。実際、現在では自然や社会や人間を〝知る〟あるいは〝理解〟するということの意味はますます不明確になりつつあるように思われる。科学研究の無限の進歩ということは、それが情報の無限の量的蓄積ということしか意味しないとすれば、実は無意味なものでしかないであろう。

従って現在何よりも必要なことは、まず、質の観点、価値の観点、意味の観点をとりもどすこと、きわめて限られた限界をもちながら、同時にそれぞれ各人にとっては他にかけがえのないものである主体的個人の立場から、量的拡大の論理を批判的に吟味することでなければならない。それによって無限の量的拡大という幻想を打破するとともに、無限の変化の必然性という脅迫をはねかえすことでなければならないと思う。

このことは、決して前近代的な非合理性への回帰を主張するわけでもなければ、量の論理に対するやみくもの反抗をすすめようというのでもない。現在なすべきことは、このような問題意識に立ちつつ、量的拡大あるいは量の論理に限界があることを、量的に示すことでなければならないと思う。そのような量によって量を批判する学問を私は〝新政治算術〟と名づけたいと思う。ウィリアム・ペティの政治算術が量によって量的拡大ということが可能でもあり必然でもあることを示すことを目的にしたとすれば、新政治算術は量的拡大に限界があり、その限界は早晩現実のものとならねばならないことを示そうとするものである。

そこではまず三つのことが基本的に前提されなければならない。(1)すべての人間はいかなる目的のためにも手段として考えられてはならない。(2)すべての人間は肉体的・精神的等々の特性の量的な差異にかかわりなく、本質的には絶対に平等なものとして扱われねばならない。⑶〝人間〟そのものを変えてしまおうという試みは、本人が希望しない限りは絶対に否定されねばならないし、本人が希望する場合でも慎重に行なわれねばならない。

さて、このような前提に立って、新政治算術が答えねばならない問題としては次のようなものがある。

⑴　人間にとって可能な経済成長の限界は、どこにあるか。まずこの問題を考える場合の前提として、望ましい経済水準は、世界中のすべての人々に達成可能なものでなければならない。この点で、たとえば年一人当たり実質GNP成長率10％というようなことが、今後一〇〇年（といっても明治維新から現在までの時間と同じ長さに過ぎない）続くことができないということは自明である。年10％の成長は一〇〇年では 1.1^{100}＝約一万倍となる。これが達成不可能であることは明白である。一人年一〇〇〇万ドルのGNPという想定が荒唐無稽であるとしても、私は日本にとって達成可能な一人年五万ドルの所得水準ということさえ、妥当な水準といえるかどうか疑わしいと思っている。世界の人口増加が少なくとも当分は停止しないとすれば、世界人口はやがて一〇〇億にはなるものと思わねばならない。この地球上で一〇〇億の人口が一人五万ドルの所得水準を達成することはそもそも可能であろうか。一体それはどのくらいのエネルギー消費を意味するであろうか。かりにそれだけのエネルギー資源が見出されたにしても、地球上の酸素の供給は十分であろうか、あるいはもし原子力に頼るとしたら過剰な熱の処理は可能であろうか。人間の必要とするエネルギーや大気、

あるいは熱の問題に対して自然科学者の関心は高まりつつある。しかしここで必要なのは、単にそれを現在の状況を前提にして技術的側面のみから眺めるのではなく、経済学的な観点と結びつけて理解することでなければならない。一方、このような種類の問題に対して経済学者の関心は概してあまり高くない。しかし成長が単に〝内生的〟にのみ決定できる限界は、すでにそう遠くないところに来ているように思われる。少なくとも、それをチェックすることなしにすませることはできないであろう。

(2) ところでかりにきわめて大まかな計算にせよ、人類にとって達成可能な経済水準が得られたとするとき、その政治的意味合いは重大である。もしその限界が甚しく遠いものではないとすれば、そこに残されている道は、とにかくどこかで先進国の経済成長にストップをかけるか、後進国の人人を永久に遅れた地位に押し込めておくか、自然のバランスを最終的に破壊して自滅するか、三つのコースしかないことになる。勿論、人間にふさわしいコースは第一のものしかないが、それには人々がナショナル・エゴイズムから解放されて、現在国家の内部では累進所得税がともかくも受け容れられているように、先進国の人々が、自分達の所得の伸びを犠牲にしても、後進国の人々の追いつくのを待つ、あるいはそれを援助するということを受け容れるようにならねばならない。このことははたして行なわれるだろうか。しかしそれが行なわれないならば、世界の先進国と後進国の間の、一種の革命戦争が起こることは避けられないであろう。

(3) ところで先進国の人々にそのような〝犠牲〟を受け容れさせるためにも、〝経済成長〟が個人の生活にとって、結局のところ何を意味したかを明らかにしなければならない。所得と支出が増加した結果、一体具体的にどのような物質、どのようなサービスのどのようなかたちでの消費が増加したのであろうか、この点は簡単な消費指数などには反映されない。たとえば食費にしても、食費の増加が、具体的にどのような食物の増加に結びついているか、それが栄養成分のどれだけの摂取増加を意味するか、どれだけが嗜好の面もふくめて、〝質〟の向上を意味しているかを確定することは難しい。他の支出項目についてはこのような分析は一層困難である。しかしこの点で経済学的分析と、栄養学的、衛生学的、生理学的、心理学的研究とは結びつかねばならない。それによって人間にとって〝必要な〟あるいは〝望ましい〟所得水準というものを具体的に知ることが必要である。このような考え方はあまりに〝唯物的〟と思われるかもしれない。しかし私は〝望ましい〟所得を得ることが人間生活のすべてだといっているのではない。むしろ逆に物やサービスの生産と消費から解放されることこそ、〝人間らしい〟生活にとって最も重要なことである。そのためにも〝必要な〟物ないしサービスの量を推定しなければならないのである。

(4)　可能でもあり、望ましくもある生活水準についてのある程度のイメージが得られたとき、それを達成するために最も不足している面、とくに科学技術の面で最も立ちおくれているのは何であるかを明らかにすること、それによって実用上の科学的研究の各分野の必要度を明らかにすること、その場合、現実に達成可能な目標、現在の人間にとって解決されねばならない問題がまず優先されねばならない。そのためには、まず人間の生命健康、幸福（というのは難しい概念であるが、誰にも明らかであるような不幸がないという意味と考える）を最も多く損なっているのは何であるかを調べ、それに対してどのような手段が考えられるか、あるいはどのようにしてより有効な手段を開発するかを検討しなければならない。そのためには多くの分野の技術的知識とともに、心理学的・社会学的研究が必要である。

このような問題に答えるには、多くの科学分野の協力が必要である。端的にいって私がここで提唱したいと思う〝新政治算術〟は、すでにのべたような三つの基本的な命題を前提として、すべての人々が人間的な生活をするのに必要な条件はどんなものであり、そのためにどのような手段がとられねばならないかを、形式的な論理に流されず、一定の明確なビジョンにもとづきながら、客観的・量的に、捉えようとするものである。それが数量的方法を生かしつつ量の論理の限界を打ち破る唯一の道であるように思われる。

第10章　反計画のイデオロギー

一

第8章の文章は一九六〇年代に書かれたものである。ところがその後時代の風潮は変って、「計画の思想」だけでなく「計画」という言葉も流行らなくなって、ほとんど用いられなくなった。とくに政府による計画という概念は最近では嫌われている。かつて経済政策に中心的役割を果した経済企画庁 Economic Planning Agency という官庁も無くなった。

第8章でのべたように一九三〇年代から一九七〇年代までは、世界的に「計画の時代」であった。一九二〇年代末のソ連の社会主義経済建設五ヶ年計画から始まって、一九三〇年代、大不況とたたかうためのアメリカのニューディールにおけるTVA計画、ナチスドイツの再軍備計画が実行された。第二次大戦になると、どの参戦国も「総力戦」を戦い抜くために、全面的な「統制と計画」を導入することが必要になった。

大戦が終っても、各国は第一次大戦後のようにただちに「動員解除」に向うことなく、政府による計画と統制はなお続いた。

大戦終結後、まもなく冷戦が始まり、アメリカを先頭とする自由主義国は、ソ連と対抗するために、依然軍備を充実するとともに、西ヨーロッパの戦災からの復興や、労働者、一般国民のための福祉政策を進めたのであった。そのためにヨーロッパは復興のための「マーシャル・プラン」が実行された。また西ヨーロッパ諸国は、社会民主主義的な思想の下に計画的な経済再建、福祉国家の建設が進められたのである。

一方、第二次大戦における勝利によって、対立する二超大国の一つとなったソ連は、東ヨーロッパ諸国を支配下におき、社会主義的経済建設計画を推進した。また戦後独立を獲得した旧植民地諸国も、多かれ少なかれ社会主義的な国家建設をめざした。

一九七〇年代ごろまでは、世界経済は全体として好調であった。第一次大戦後、ヨーロッパ諸国が「戦後不況」に襲われ、戦前の経済水準に達するまで長い時間を要したのにくらべて、第二次大戦後は「戦後不況」はなく、西ドイツ、日本など敗戦国もふくめて、経済の復興は極めて急速であり、また戦前水準を大きく越えて発展した。アメリカ経済も好況が続いた。ソ連を中心とする社会主義国も、一九六〇年代までは、社会主義経済建設に一定の成果を上げることができた。第二次大戦後一九七〇年代までを世界的な「黄金時代」と呼ぶ歴史家もある。

このような状況が「計画」の成果であったか否かについては、現在では否定的な意見も強い。しかしその当時は、「計画」の概念に根本から批判的な人は少数派にとどまっていた。

二

しかし一九七〇年代になると、「計画の時代」の行き詰まりが明らかになって来た。資本主義国では、政府の財政赤字が拡大して、累積債務が増大し、慢性的インフレーションが進む一方、経済成長率が低下した。ソ連を始めとする東欧社会主義国では、共産党独裁の矛盾が深まり、社会主義経済建設は進まなくなった。中国は一九六〇年代後半から、毛沢東の発動した「文化大革命」によって大混乱に陥った。第三世界の国々の政府主導による経済開発も成果を上げることができなかった。

一九五〇年代半ばから、未曽有の高度成長によって、急速に先進国水準に追いついた日本経済は、一九七三・七四年にOPECによる原油価格上幅引き上げによって起った「オイル・ショック」を転機として、高度成長路線からの転換を余儀なくされた。

この中で、政府の経済への介入、干渉をより少なくし、自由な市場経済の活力を活かそうとする政策への大きな転換が行われることとなった。国有、国営企業の民営化、経済分野における規制撤廃、自由化の推進である。このような政策転換はイギリスのサッチャー首相によって始められ、次いでアメリカのレーガン大統領の下で推進され、西ヨーロッパの国々もその方向に転換した。日本でも民営化、規制緩和の政策は一九八〇年代から推進された。

ソ連や東欧社会主義国は改革に失敗して、一九九〇年代初めには体制が崩壊してしまった。中国では文化大革命収束後の政治的混乱を乗り切った共産党政府が、大胆な「改革開放」政策を遂行し、共産党政権の下での資本主義経済は、日本を超える高度成長を続けて、中国をアメリカに次ぐ経済超大国に押し上げた。

二十一世紀に入ると、中国のほかにも、インド、ブラジルなどの開発途上国も、資本主義的経済成長を開始し、世界の経済力の分布は大きく変わろうとしている。

三

現在では「計画のイデオロギー」は完全に敗れ去ったように思われる。現在の資本主義的経済体制に対しても、経済成長の中で経済的不平等が拡大し、失業と貧困をもたらすことについての不満や批判は少なくないが、資本主義的経済を社会主義的「計画経済」に置き換えようという主張はほとんど聞かれない。また失業や貧困に対しても、それに対処する政策は求められるが、包括的な「失業ゼロ計画」「貧困絶滅計画」が提案されることはない。

現体制に批判的な人びとの間でも、「大きな政府」とそれにともなう官僚制への反撥は強いので、「計画」という言葉は歓迎されない。

今ではいわゆる世論や政策決定に強い影響力を持つに至った、新自由主義経済学者達は市場の機能に干渉することにすべて反対する。それは「非効率」を生み出すというのである。また同じ理由によって、それまで市場に委ねられて来なかった社会活動についても、できるだけ「自由化」し、市場化することを主張する。彼等が政府の介入を認めるのは、何がしかの理由によって、経済活動のコストと利益が市場価格に反映されない場合、いわゆる「外部性」が存在する場合だけである。その場合にはそのまま放置すれば「非効率」が発生するから、何らかの干渉が必要であるというのである。しかしその場合にも、なすべきことは適当な「インセンティブ」を与えて、市場外のコストやベネフィットを「内部化」することであって、直接ある活動を禁止したり、また政府が直接経済活動を行ったりすることは望ましくないとされるのである。更にそこでの基準はあくまで市場による評価であって、「社会的公正」や「平等」などという基準を持ち込むことは否定される。

経済自由主義者が、国営企業や官僚統制の非効率を主張し、市場競争の必要性を説くとき、その議論には確かに妥当性があった。現実に一九七〇年代から多くの国々で行われた鉄道、電信、電話などの民営化は成功であったというべきであろう。しかし彼等は更に進んで、教育、医療、或いは社会政策などについても「市場化」と「受益者の自己負担」原理を貫徹すべきであるとして、公的教育システム、公的医療保険制度、労働者の権利保障、或いは労働基準の強制、更には農業や中小企業経営保護などのすべてに反対するだけでなく、「計画」の時代に達成された、社会保障制度、或いはその目的とする「社会福祉国家」の理念自体を根本から否定するのである。

このようないわゆる新自由主義は、社会主義的な「計画経済」や、国家主義的な「統制経済」に反対するだけでなく、経済効率性を離れて「社会的平等」や「弱者の権利」を重視する社会民主主義も否定する点で、政治的保守主義と結びつく。アメリカの共和党や日本の保守政党の一部には、そのことが明らかに現れている。勿論伝統を重視する政治的保守主義と、以下にのべるような前提にたつ新自由主義とは、根本において矛盾することがあるはずであるが、経済的自由主義は、保守主義者の主張する権威主義が、「市場の自由」に干渉せず、他方、労働者や農民その他の人びとの「反市場的」社会運動を抑圧する限り、それを支持するのである。また逆に新自由主義は、伝統的保守主義の中にしばしばふくまれている、「上に立つものの義務 noblesse oblige」について、そのような「不効率」をもたらす観念に悩まされることはないと主張することによって、保守主義を力づけているのである。一九七〇年代チリでアジェンデの社会主義政権を打倒し、最も抑圧的、専制的な体制を打ち立てたピノチェト政権は、シカゴから新自由主義経済学者のグループを顧問として招いて、経済の自由化、資本主義化を強力に推進したのであった。そこでは経済における「自由主義」が、政治における反自由主義と強く結びついていた。ピノチェト政権はその後倒され、その人権侵害が強く非難されることとなったが、チリに社会主義体制が復活することはなかった。

四

反計画の思想は、新経済自由主義という形で、一つの体系的で、しかも「硬い」イデオロギーとなってしまっているのである。その主張者は、それはいかなる「理念」や「価値判断」からも離れた「科学的」なものであるというが、しかしそれは一定の公理的前提から演繹された体系であって、経験的事実によって検証されたものではなく（或いは極めて不十分な形でしか検証されておらず）

極めてドグマティックなものである。それはかつて、「計画の思想」を強力に推進した共産主義的マルクス主義が自らの主張を「科学的社会主義」である（従ってそれに反対するものは「反科学的」である）としたことに通じている。

新自由主義経済学の大前提となっているのは、「人間は欲望を最大限に満そうと行動する合理的利己主義者である」という公理である。新自由主義経済学の命題は、すべてこの公理から演繹される。

この公理は、人間行動の基本原理を「欲望の満足」に置く点でベンサム以来の功利主義に通ずるが、旧い功利主義者と違って、彼等は異なる人々の効用が互いに「通約可能」であるとは認めない。「欲望」の「満足度」すなわち「効用」は、それぞれの人にとって完全に主観的なものであるから、それを共通の尺度で比較計量することはできないというのである。従って現代の功利主義者はベンサムのような「幸福計算」或いは「最大多数の最大幸福」というような「非科学的」な概念は認めない。そこで彼等が採用するのは「パレート最適」という基準である。社会のある状態において、その状態よりすべての人の効用がより大きくなる（厳密にいえば、すべての人の効用が等しいかより大きく、そして少なくとも一人の効用がより大きくなる）状態が存在しないとき、そのような状態が「パレート最適」であると定義される。その上で市場における自由競争が「パレート最適」を達成することが、高度の数学的論理によって説明されて「基本定理」とされる。そこで自由競争市場に干渉することは、原理的に「パレート最適」を乱すものであるということになる。そこでは市場参加者は市場の状態について「完全な情報」を持つものとされる。また各人はその時々に効用を最大にしようとするのではなく、一生を通じて得られる効用を時間による割引率を掛けて積分したものを最大にするよう行動するとされる。またそこで当然入らざるを得ないいろいろな不確定要素についてはその確率分布を求めて、累積効用の期待値を最大にするものとされる。

これは極端な「合理的利己主義者」のモデルであるといえる。或いは人間は「人のために尽したい」「正しいことをしたい」或いは「神の教えに従いたい」というようなことをふくめて、何らかの「欲求」を満たしたいと思い、またそのような欲求をできるだけ多く満たすために最も適切な行動を選ぼうとする限り「合理的」に振舞おうとするから、このようなモデルでは、抽象的一般的な形では、すべての人間行動の基本モデルとなり得るのではないかという反論がだされるかもしれない。しかし新自由主義のいう「欲望」には上記のような他人の幸福、正義、宗教的満足を求める欲求はふくまれないと考えねばならない。そのことは効用の独立性の公理、つまりある人の効用はその人に対して与えられる状態のみによって定まり、他人の状態とは完全に独立であるという基準から、必然的に導かれるのである。また「効用」を抽象的に拡大解釈してしまえば、それが「市場競争」を通じて最も効率的に満たされるということは導かれなくなる。より多くの財、或いはより多くの貨幣を持つことが、より大きい価値をもたらすということもなり立たなくなるかもしれないからである。

新自由主義経済学は、例えば「平等」ということが独自の社会的価値を持つことを認めない。彼等にとって、各個人の効用の総体以外に価値は存在せず、そして各個人にとってその効用はすべてそれぞれの人が持ち、或いは享受する財およびサービスにのみ依存するものであるから、人々の所得がより平等になるということは、それ自体誰の効用を増すものでもなく、従って無意味なのである。新自由主義経済学者によれば、「平等」を求めるのは、所得の少ない人が所得の多い人に対して感ずる「嫉妬心」の現れにすぎないのである。そうして嫉妬心は、自分の効用を増すことではなく他人の効用を減らすことを求める「不合理」な心理であるから、そこから生まれた要求には何の正当性もないというのである。市場に干渉して特定の財やサービスの価格を引き上げたり、或いはその生産を奨励したり抑制したりすることが、経済不効率をもたらすと同様に、所得分配についても市場のもたらす結果を歪めることは、経済効率を損なうというのである。そこから一切の「所得再配分」（累進所得税、相続税、或いは教育・医療サービスの公共的提供など）を否定する立場が生まれるのである。

五

新自由主義経済学は、更に従来の経済問題の枠組みを越えて、社会或いは人間行動全般をその「合理的利己主義人間」モデルにもとづいて解決しようとし、更にそこから規範的ルールをも導き出そうとする「経済学帝国主義」をも生み出した（「経済学帝国主義」というのは、批判者からの悪口ではなく、新自由主義経済学者が自ら宣言したものである。）

そのような理論の中では、結婚と離婚、子供の養育、或いは犯罪や自殺などがすべて、個人がある行動を起こすことによって得られる効用とそのためのコストの比較によって議論される。例えば犯罪については、人が犯罪を犯すか否かの決定は、それから得られる利益と、それが警察に知られて罰せられることになるときの損失の期待値の比較によって決まるとされる。

このような論理を法律の問題に適用しようとしたものが「法の経済学」である。それはこれまでの法が「正義」とか「社会的公正」とかいうような「抽象的な概念」を基準としていたことを批判して、法による規制が個人の効用にどのように影響するかを明確にし、法の目的はその点から社会の「効率化」を推進するものでなければならないというものである。

更にその論理を推し進めて、倫理或いは道徳そのものを「経済学的」に批判しようという「倫理の経済学」(「経済倫理学」ではなく)を建設しようとする試みもあるようである。

それについてかつて私は解説記事を読んだことがあるが、それによれば「倫理の経済学」の最大の問題は「人はなぜ自分の利益と結びつかない利他的行動をすることがあるかということである」。そうしてこの記事の筆者は次のように続ける。

「人間の利他的行動によって、他人から賞讃されたり感謝されたりする。そうして賞讃や感謝は利益をもたらすことがある。しかし必ず利益がもたらされるとは限らない。それにもかかわらず、人が利他的行動をすることがあるのは何故か。それが理論的難問である」、それから先には「囚人のジレンマ」ゲームなどによる説明があったが、私が驚いたのは、この記事の若い経済学者と思われる筆者が、人びとの賞讃や感謝というものが、自分自身の欲望の満足と直接結びつかない限り、それ自体価値を持たないことを無条件で仮定し、そのことに全く疑問を持っていないように感ぜられたことである。

六

このような考え方から新自由主義経済学者は、従来「公共」分野に属すべき、従って政府の担当すべき諸分野、従って「計画の思想」になじみやすい問題についても、市場経済の論理を適用して「反計画」の立場から論じている。

例えば教育の問題についても、彼等はそれをもっぱら「教育の経済的効用」の視点から論じている。教育の経済的価値を、教育の普及、或いは教育水準の向上が、その社会の生産の向上にどれだけ貢献したかという観点から論ずるとは、教育の目標がその経済的効果にのみあるわけではないということを忘れなければ、それ自体有意義である。しかし彼等は「教育の経済的価値」を、それによって教育を受けた人がどれだけ多くの所得を得るかという視点からのみ計算し、それを教育にかかるコスト（教育を受けるために費やされる時間をふくむ）と比較して、その「純利益」を計算しようとする。そこで教育に対して公的支出がなされるならば「教育コスト」の一部が教育を受ける人に対する補助金として支出されることになり、人びとはその生み出す価値以上にコストのかかる教育を受けようとすることになるから「社会的不効率」が生ずることになる。従って教育に対する公的支出は廃止し、また公立学校による教育サービスの提供は中止して、すべてを民間企業としての「教育サービス業」に委ねるべきだという結論になる。

さすがに現在では一般普通教育をふくめて教育に対する公的支出を禁止すべきであると主張する人はいないようである。一般教育水準の向上が、各個人の所得を増す効果を越えた「社会的外部効果」を持つことは否定できないからである。それでも彼等は教育に対する公共支出は、補助金や奨学金の支給ないし貸与にとどめて、教育サービスの提供については、市場における自由な競争に委ねるべきだと主張している。しかしそうなれば「教育サービス」は、市場における個人の選択に委ねられることになり、そうなれば「合理的利己主義」のモデルを前提とする限り、教育の価値は、やはりそれが個人の所得の増加をもたらす点のみから評価されることになる。しかしそこで、教育は本来、社会にとって有用とされる「人材」を育成することと、各個人の人生をより充実した有意義なものとすることの二重の目的をもつものであるという、根本的な理念は完全に無視されている。教育の目的はただ「市場で評価される労働サービス」を提供する「人材」を生産することにあるとされるからである。

もう一つの例は少子化問題である。ある経済学者は、人が子供を産み、養育するか否かは、子供を持つことによって得られる効用と結婚、出産、そうして養育に要する負担、コストとの比較によって決まると論じた。そして近代になると、妊娠、出産、養育にかかわるコスト、或いはそれによって失われる時間や所得を得る機会について、特に女性の意識が高まり、また教育費も増大する一方、子供の親が利用できる労働力の価値が低下し、また子供から老後に受ける扶養や介護などに対する期待も小さくなっているので、子供を持つことの限界効用に対して、限界費用が増加している。そして生み出される子供の数が減っているというのである。このような「理論」は確かに近代社会の少子化という現象についての一つの説明になっている。しかしその学者は続けて、子供の出産は純粋の私的な行為であるから、それは「市場」に委ねるべきであり、それに対して補助金を与えるのは不効率をもたらす。従って出生率がいかに低下しても、出産や養育に対して公的補助を与えるのは、親の負担すべきコストを社会が負担することとなる。出生率を過大にし、社会的にはマイナスとなるという。従って出生率引き上げを目的とする「少子化対策」はすべて誤りであるというのである。

このような議論は、子供の養育と家畜の飼育、或いは子供は市場で売ることにはできないから、むしろペットの飼育と同一視するものである。確かに多くの人びとは、犬や猫の飼育に対して補助金を出すことには反対するであろう。しかし人間の子供は単に親に何らかの効用を与える存在にとどまるものではなく、次の世代の人間、つまり社会の主体である。その育成が社会にとって大きな関心事であることは当然であり、「市場」における個人の決定（一体何が「市場」なのか）に委ねておくことはできないことは自明ではなかろうか。

のであろうか。

七

そもそも、新自由主義経済学の仮定する「完全に合理的な利己主義」のモデルは妥当性を持つものであろうか。

個人についても、その行動を長い時間を通じて一貫して合理的に、すなわち整合的にできるかは疑問である。人間は時とともに考え方も好みも価値基準も変化する。また経験を通じて学び、行動を改めるものである（勿論必ずしも道徳的によい方向とは限らず、より徹底して悪くなることもある）。つまり個人の効用関数は変化する。だからある時点で、その後の一生を見通し、すべての不確実性についてはその確率で考慮し、また遠い先の効用は一定の比率で割引いて、総期待効用を最大にするように計画するというなどという想定は、全く非現実的といわざるを得ない（いったいこのような決定をいつ行うのであろうか。誕生直後か成年時か）。

そもそも異なる個人の間の効用が「通約不可能」であるならば、同じ個人にとっても、異なる時点での効用が完全に通約可能であり、加えたり引いたりすることができるという想定もできないのではなかろうか。何年も前の自分が得た効用と、何十年も先に得るであろう効用と、現在の自分が得ている効用とお同じ尺度で比較することは可能であろうか。過去の効用は記憶の中にのみ存在し、将来の効用は想像の中にのみ出現するのであるから、それを現実の欲望の満足と同じ次元で評価することが「合理的」であるというのは、極めて非現実的である。

ハイエクが「計画のイデオロギー」における、合理性についての「思い上り」を批判した点は、そのまま「個人の合理性」についても当てはまることである。しかし合理性とは形式的にいえば、手段と目的、或いは過程と結果の整合性にすぎない。そうしてそこでは、目的或いは結果が絶対的に優先する。しかし現実においては「過程」はしばしば「結果」よりも重要である。人間は何か重要と思われる目的に向って努力しているとき、充実感を感じるものである。それは結果の成否とはほとんど無関係であり、いわんやそれが結果得られる欲望の満足、或いは「利益」によって決められるものではない。そうしてそのように「充実感」は、人間の「幸福」の重要な要素であることは確かである。或いはここでそのような「充実感」も効用関数に取り入れればよいという提案があるかもしれない。しかしこのような「充実感」を時間的に積分したり、更にそれを結果の評価に加えたり引いたりして「総合効用関数」などを構成することが意味あるとは思われない。

そもそも根本的な問題として、すべての人は、時と場所を自分で選択して生まれたわけではなく、またほとんどの人は自分の死を選択できないという事実がある。それにもかかわらず自分の「生」を引き受けねばならないという、いわば人間存在の根元的な「矛盾」或いは「不条理」である。このことは古来から宗教や哲学の根本問題として莫大なことが説かれ書かれて来たから、ここでそれに立ち入るつもりはないが、新自由主義経済学者はこのことをあっさり無視して、「生と死の経済理論」なるもので片づけようとしているのである。

具体的には、不確実性をふくんだ選択モデルの中に、自分の死の可能性もふくめることによって、自分自身の生命の価値も合理的に決定できるというのである。自分自身の生命の価値も無限大ではあり得ない。そこでいろいろな選択肢の中からの選択を観測することによって、人の自分自身の生命の価値を知ることができる。従って人の生命も他の財と同じく価格がつけられるし、それについて市場が成立すれば、そこで生命の市場価格が成立し、それによって生命の合理的な評価が可能になり、「生と死」をふくむ問題について合理的な決定が可能になるというのである。

新自由主義経済学者は「人の生命は金では買えない」「人の生命の価値は無限である」というような考え方を「無意味なセンチメンタリズム」として嘲笑する。そして彼等は例えば臓器移植の問題についても、臓器市場の形成、臓器取引きの自由化を主張するのである。

確かに何らかの不法行為或いは過失の結果、人の生命が失われたような場合でも、賠償金額は有限であり、その額には「相場」があるかもしれない。また現実に一人の人間の生命を救うためにも無限に大きなコストは掛けられないのも事実である。従って人間の生命の価値を有限の金額で表されるように思われる場合もあることは否定できない。しかしこのことは人間の生命には（それぞれの人ごとに）一定の「市場価格」があり、それによって人の生命を買うことができるということを意味するわけではない。かりに人の生命の価値について一定の価格がつけられたとしても、もし誰かがそれだけの金額を支払ってその人を殺す権利を買って殺してしまったら、やはり殺した人は強く非難され殺人罪に問われるであろう。もし殺した人が、自分は正当な金を払って殺したのだから、それは「代価を払って鶏を買って食べたのと同じことで、何も非難される理由はない」と主張したとしても、受け容れられることはないであろう。同じ意味で人の身体を損ない生命の危機をもたらす臓器売買はどこの国でも厳しく禁止されているのである。自由主義経済学者は「それは矛盾であり、社会的効率を損なうものである」というかもしれないが、それは人間存在そのもののあり方から生じて来る「矛盾」なのである。そこには合理的選択の理論などは当てはまらないのである。

そもそも自分の生命を売って金を受け取るということは矛盾した行為である。代金をいつ受け取るのであろうか。もし生命が売られた後、つまり死んだ後に受け取るとすれば、その金を使うことはできないから、それは無意味である。もしその本人ではなく、他の人、例えば家族が受け取るのであれば、生命の対価を得るのは他人ということになる。それは他人のために自分を犠牲にするということであり、合理的利己主義者のモデルに根本的に矛盾するといえる。死ぬ前に受け取るとしても、それを使う欲望を満足させる十分な時間がなければならない。しかしそもそも死を明確に予定されて欲望を本当に「満足」させることができるだろうか。

人は大きい利益を得る可能性を前にしたとき、生命の危険を冒して「冒険」することがあるのは事実である。その場合人は生命を失う確率と獲得できる利益とを比較して選択を行っていると考えることができるかもしれない。

例えば一億円の利益が得られるとき、生命を失うが確率が1／10であっても、敢えて「冒険」したとすれば、その人は、「自分の生命の価値」×1／10より1億円の方が大きいと考えていたことになるから、その人は自分の生命の価値を10億円以下と考えているというのが「不確実性の下での選択の理論」の導くところである。しかしその人は10億円が提案されれば、「生命を売る」つまり必ず死ぬことを受け入れるであろうか。

生と死という、人間にとって最も重大な問題について「合理的利己主義者」のモデルにもとづく「合理的選択の理論」なるものは無効であることは明らかである。

八

新自由主義経済学者は、自由主義と称しているが、それは古典的な自由主義とはほとんど正反対のものになってしまっている。それどころか自由主義経済学の支配するアメリカでは「リベラル」という表現は「古くさい左翼的思想に影響された愚か者」を意味する悪口となっているのである。

本来自由主義というものは、人間が権力や外的環境によって制約されることなく、自分の思うところ、信じるところに従って行動することができなければならないという主張を意味した。それがフランス革命やアメリカ独立宣言の中で主張されたことであった。そこには欲望の満足ということもふくまれていたが、それより遙かに重要なことは、人間が自分の行動を自分で決定できるという自主性の尊重であった。

そこでハイエクは「公共の利益」を名目として、個人の自由を抑圧し、個人を「階級」や「国家」のための手段とする、共産主義的計画のイデオロギーを強く批判した。しかしマルクスが資本主義社会において、人々は「市場」に支配されることによって、貧困や劣悪な条件に追い込まれ、また「競争」に追われて人間的な自由を失っていると指摘したとき、それは自由主義者の共感するところでもあった。古典的な自由主義の代表者であるJ・S・ミルは労働者の地位の改善を主張し、社会主義にも共感したのであった。

二十世紀において多くの自由主義者（リベラリスト）達は、専制的な共産主義に反対する一方、貧困の解消、すべての国民の生活保障を目的とする社会民主主義的政策を支持し或いは推進したのであった。

古典的自由主義は、「平等」或いは「人権尊重」の主張と一体であった。

しかし新自由主義経済学者は「経済効率性」を唯一の基準とし、「平等」は否定し、「人権尊重」にも無関心である。その主張する「自由」は実際には「強者が思いのままに振舞う権利」を意味するものとなってしまっているのである。

それが古典的自由主義者と根本的に相容れないものであることは明らかであるが、それはハイエクの考えとは違うことは勿論、新自由主義経済学の祖とされるミルトン・フリードマンの思想とも異なっている。フリードマンが「選択の自由」を強調するとき、そこには「自由競争」が効率性を高めるというばかりでなく、人は単に他人から与えられるよりも自ら選んでいることが、より人間的な生き方であるという主張がふくまれているのである。従って彼はまた競争の平等を保障するための「負の所得税」つまり所得の給付という考え方も提案しているが、そのような面は彼の後継者によって無視されているのである。

新自由主義経済学者は、労働組合による労働条件の引き上げや、立法による解雇規制、労働時間の制限、最低賃金の保障などについては、「競争の自由」の侵害であり、経済の非効率性を招くものとして反対する一方、巨大資本による市場独占については寛大であり、独占が市場における競争の結果生まれたものである限り、その独占を制約することには反対するのである。

しかし彼等の「すべての規制は経済効率を損なう」という主張は、客観的データに裏付けられたものではない。それは彼等の前提する公理から演繹的に導かれたものにすぎない。その意味でそれは「イデオロギー」としての性格を強く持っているのである。

九

「計画の思想」も「反計画の思想」も、前者は集団の合理性を、後者は個人の合理性を絶対視する点で、対立すると同時に共通する限界を持っている。それは「合理性」に反する行動をすべて「反社会的な」或いは「非効率的な」ものとして否定することである。そうしてそれが人々に影響を及ぼすようになると、それは一つの「社会的イデオロギー」となるのである。

「計画の思想」にせよ「反計画の思想」にせよ、合理主義のイデオロギーが完全に支配する社会は「冷たい非人間的な」社会であるといえば、あまりに感覚的、或いは情緒的といわれるかもしれない。しかし「集団の合理性」を絶対視すれば、個人が集団と異なる価値観を持つことをすべて否定し、結局「集団の合理性」を体現すると称する指導者や官僚や党の専制的支配を導くことは、ハイエクも指摘したことである。また一般の人々の間で、その中で個人の合理性を貫こうとする努力が根絶されることはあり得ない限り、いわゆる「ヤミ経済」や「腐敗」がはびこることになるのは共産主義国の現実であった。

他方、「個人の合理性」を絶対視し、その「利己的行動」を制限することを一切拒否し、また「集団的合理性」をすべて否定して「社会的公正」や「平等」のための政策を「効率性」の名の下に排除しようとするならば、社会の連帯感が無くなり、国や政府に対する信頼が失われることは確かである。また、「自由」の名の下に事実上は「強者の権利」のみがはびこって、既得権益や持てる階級の利益のみが拡大することになる。勿論現実には、現在でも新自由主義経済学者の主張が完全に実現されている国はないが、しかしもしその主張の通り、「資本の自由」を制限するすべての政策が撤廃され、すべての社会福祉制度が廃止されるようなことになれば、社会の安定性や秩序が根本から揺らぐことは確実である。そこまでいかなくても、「合理的利己主義」者を絶対視する考え方の影響力が強くなれば、狭い意味の「エゴイズム」がはびこり、「社会的モラル」が低下して、F・フクヤマのいうような社会の信頼 trust が失われる。社会秩序の維持や人々の間の「取引」を保証するコストが増大して、結局「経済効率」も低下することになるであろう。

しかしここで、計画や反計画のイデオロギーを批判し、或いは否定するとき、そもそもその根拠はどこにあるのかということが改めて問われなければならない。社会科学も科学である限り、特定の価値基準にコミットすることはできない。従って人間が根本的に矛盾をふくんだ存在であって、その限りにおいては、「計画の思想」にも「反計画の思想」にも限界があることを指摘することはできても、それ自体の「善悪」「是非」を判断することはできない。つまりそのような思想が、社会的な「イデオロギー」としてもたらすもの、その現実の社会に及ぼす影響について「善悪」を判断することはできない、ということにはならないであろうか。つまり、そのような判断のための価値基準は社会科学自体の中には存在しないという議論も成り立つのではなかろうか。

しかし価値基準が社会科学自体の中から生まれないということと、社会科学が、或いは社会科学者が価値基準を持たないということとは全く別である。完全に「価値中立的」である自然科学においても、「すべての自然現象は統一的な原理によって合理的に説明されなければならない」という極めて強い基準が貫かれているのである。社会科学が、単に人間社会を「外にある現象」として眺めるのではなく、その中に生きている人々の視点から社会というものを理解しようとする努力を意味する限り、社会のあり方に対する一定の価値判断を前提にしなければならないことは当然である。

私は近代社会科学（非近代社会科学なるものが存在するか否かは別として）の前提は、すべての人間の本質的平等ということにあると思う。それはアメリカ独立宣言やフランス革命における人権宣言の中で宣言されたことであるが、勿論それは決して「自明」なことではない。人間には本来上下貴卑があるし、階級、人種、民族、性等によって、その価値に差があるという考えは、むしろ昔から存在していた「自然な」考え方であったし、今でも根強く残っている。人間の平等という観念、そしてそれから導かれるすべての人の人権の尊重という考え方は、ある意味では、「反自然的」であるといってもよい。次世代に種を存続させるために膨大な生命を浪費する多くの生物（卵や種子の中で成体に達するものは極めて僅かである）にとって、個体の尊重ということは無意味である。人間社会においても、種族を維持し、更に単なる生存から「文明」というものを作り出すには、人間の間の「弱者」を切り捨て「差別」を作り出すことが必要であったともいえる。すべての人間の平等、個の尊重という考え方は、人間が長い歴史の中で生み出し、近代になって初めて確立した理念であったのである。それは科学技術の発達と、経済社会の発展によって初めて現実に可能となった理念である。勿論この理念、或いは理想はまだ完全に実現されていないことは明らかである。しかし社会科学はこの理想の実現に向う道筋を明らかにするものでなければならないと私は信じている。計画のイデオロギーは、個人を集団のための手段とし、反計画のイデオロギーは、個人を「市場」の専制に委ねてしまう。どちらも個人の尊重という原則に反するといわねばならない。

人間の命が有限であり、自分自身の生と死が自由にならないという「不条理」を前提にするとき、人間の平等は、すべての人間の命は平等であること、従ってすべての人が「かけがえのない」存在であることを意味する。社会科学はこのことを第一前提とすべきである。

人間は単なる「人数」ではない。このことに実は社会科学における数量的アプローチの限界があるといってもよい。社会科学の目標は、単に社会を記述し、或いはその変化を表現する「モデル」を構築して、そこに現れる「パラメータ」を測定することに終るものではない。パラメータの値がその社会に生きる人々にとって何を意味するかを理解し、またその中から人々の直面している課題の解決の道を示すものでなければならない。

この意味で経済学の本質的課題は、人々の経済福祉の向上である。その場合国民総生産GNP、或いは国民所得は指標として有益な概念であるが、しかしそれを「国民の経済的福祉の合計」と理解することには限界がある。それぞれに「かけがえのない」人生を持つ、多くの人びとの「福祉」は「合計」できるものではないからである。勿論このような限界があることを前提にした上でGNPが成長するとき、多くの人びとの経済福祉が増大していると判断することができ、従ってGNPの成長をもたらすような政策を論ずることは有益である。

GNPの概念に限界があるから、それをGNH（国民総幸福）に替えようなどという議論は無意味であると思う。勿論人々の福祉に重要なかかわりがある事項、例えば健康、安全、環境などの面がGNPに反映されていないのは事実であり、またそれらの面を数値的な指標で作ろうとする努力が行われていることも有意義なことである。しかしこれらの数値をGNPに加えたり引いたりして、或いはそれとは別に何らかの方法を統合したりしてGNHを計算しようとするのは誤りである。「幸福」というものは、それぞれの人々が有限の時間をいかに充実して生きるかということにかかっているものであって、それは一人の人間にとっても数量化できる「実体」ではないし、一人の人の一生の「総幸福量」(gross happiness)、或いは幸福な時間から不幸な時間を引いた「純幸福量」(net happiness) を計算してみても意味のあることではない。ましてやそれぞれは異なる条件の下に生まれ異なる価値観を持って生きる人々の「幸福度」を測定し合計しようなどということは馬鹿げたことである。そこで更に為政者が国のGNHを最大にする政策を考えるということであれば、それはむしろ最悪の「計画のイデオロギー」というべきである。

数と量による分析の限界は、それを別の数と量におき換えることによって乗り越えることではない。それを克服できるのは、一貫した価値観に裏づけされた感受性と想像力である。それは論理を手段とする「科学的方法」のみによっては達成されない。社会科学における数と量は、社会科学者の感性に裏づけられた想像力と構想力によって理解されることによってのみ、豊かな意味を得るのである。

参考文献について

この本は厳密な意味でアカデミックなものとして書かれたものではないから、文献を一々あげるのはやめる。ただ私の考え方にいろいろ影響をおよぼした本だけを、簡単な解説とともにあげておこう。

まず各章でたびたび引用したウィリアム・ペティ『政治算術』は邦訳が岩波文庫にある（大内兵衛・松川七郎訳）。そのほか『租税貢納論』『アイルランドの政治的解剖』も岩波文庫に収められている。ペティの本はいずれも小さいものであり、書き方も体系的ではないが、その書かれた時代の背景とともに考えるとき、新しい学問の創始者たるにふさわしい興味と、意外に新鮮な示唆とをふくんでいる。またペティの仕事と時代的背景については松川七郎氏の研究書『ウィリアム・ペティ』に教えられるところが多かった。

近代的な科学思想の成立については、やはりフランツ・ボルケナウの大著『封建的世界像から市民的世界像へ』（水田洋ほか訳、みすず書房）が最も重要であるように思われる。ボルケナウの「近代」の捉え方は、根本的な問題提起もふくんでいると思う。

経済学と数学との関係についてあげるべき本は、あまりたくさんあって結局、主要な古典全部ということになってしまいそうだから、一々あげるのはやめる。ただ、マルクス『資本論』三巻（邦訳多数）は直接このことを扱っていなくても、やはり「もの」を考える場合に不可欠である。

統計学については、私自身は、R・A・フィッシャーの考え方に影響されたところが最も多いと思っている。彼の本は難解であり、また私としても納得のいかないところもあるが、単なる応用数学の体系ではなく、科学的研究のための方法として統計学を考えるときには避けて通ることのできない問題を提起している。その意味で『統計的方法と科学的推論』（渋谷政昭・竹内訳、岩波書店）、および『実験計画法』（遠藤健児・鍋谷清治訳、荘文社）をあげておきたい。また、ケインズの『確率論』J. M. Keynse: *A Treotise on Probability*（邦訳はケインズ全集の一部として出版予定）は、その積極的な提案の部分よりも、それまでのいろいろな確率の解釈の批判的吟味において有益な本である。

社会統計学については、主要な問題点は、ほとんど一九世紀末から二〇世紀はじめにかけてのドイツ社会統計学派の議論のうちに出つくしているように思われる。その中の主要な論文、著書をあつめた統計学古典選集（栗田書店）は貴重な文献である。

歴史、および歴史としての「現代」の意味づけというような点については、思い浮かぶのは次のような著者である。（ランダムな順序で）

マックス・ウェーバー『プロテスタンティズムの倫理と資本主義の精神』（岩波文庫）、『社会科学方法論』（岩波文庫）

カール・マンハイム『イデオロギーとユートピア』（未来社）、『変革期における人間と社会』（み

すず書房）
カール・ポパー『開かれた社会とその敵』（未邦訳）、『歴史主義の貧困』（中央公論社）
E・H・カー『歴史とは何か』（岩波新書）
ルイス・マンフォード『技術と文明』（鎌倉書房・絶版）、『機械の神話』（河出書房新社）

著者略歴

竹内　啓（たけうち・けい）

1933 年　東京生まれ
1956 年　東京大学経済学部卒業
1963 年　東京大学経済学部助教授
1975 年　東京大学経済学部教授
1987－1994 年　東京大学先端科学技術研究センター教授を併任
1994 年　東京大学を定年退職
　　　　明治学院大学国際学部教授
2006 年　明治学院大学を定年退職

主要著書

『数理統計学』（1963 年、東洋経済新報社）
『線形数学』（1966 年、培風館）
『転機に立つ科学』（共著、1971 年、中央公論社）
『計量経済学の研究』（1972 年、東洋経済新報社）
『近代合理主義の光と影』（1979 年、新曜社）
『情報革命時代の経済学』（1987 年、岩波書店）
『科学技術・地球システム・人間』（2001 年、岩波書店）
『現代史への視座』（2007 年、東洋経済新報社）
『偶然とは何か』（2010 年、岩波書店）

増補新装版　社会科学における数と量　　**UP コレクション**

1971 年 10 月 31 日　初　版　第 1 刷
2013 年 7 月 19 日　新装版　第 1 刷

［検印廃止］

著　者　竹内　啓

発行所　一般財団法人　東京大学出版会

代表者　渡辺　浩

113-8654 東京都文京区本郷 7-3-1 東大構内
電話 03-3811-8814　FAX 03-3812-6958
振替 00160-6-59964

印刷所　大日本法令印刷株式会社
製本所　誠製本株式会社

ISBN 978-4-13-006506-1　Printed in Japan

「ＵＰコレクション」刊行にあたって

学問の最先端における変化のスピードは、現代においてさらに増すばかりです。日進月歩（あるいはそれ以上）のイメージが強い物理学や化学などの自然科学だけでなく、社会科学、人文科学に至るまで、次々と新たな知見が生み出され、数か月後にはそれまでとは違う地平が広がっていることもめずらしくありません。

その一方で、学問には変わらないものも確実に存在します。それは過去の人間が積み重ねてきた膨大な地層ともいうべきもの、「古典」という姿で私たちの前に現れる成果です。

日々、めまぐるしく情報が流通するなかで、なぜ人びとは古典を大切にするのか。それは、この変わらないものが、新たに変わるためのヒントをつねに提供し、まだ見ぬ世界へ私たちを誘ってくれるからではないでしょうか。このダイナミズムは、学問の場でもっとも顕著にみられるものだと思います。

このたび東京大学出版会は、「ＵＰコレクション」と題し、学問の場から、新たなものの見方・考え方を呼び起こしてくれる、古典としての評価の高い著作を新装復刊いたします。

「ＵＰコレクション」の一冊一冊が、読者の皆さまにとって、学問への導きの書となり、また、これまで当然のこととしていた世界への認識を揺さぶるものになるでしょう。そうした刺激的な書物を生み出しつづけること、それが大学出版の役割だと考えています。

一般財団法人　東京大学出版会